디지털 세대를 위한 창의적 구상과 소통의 글쓰기

한영현

세명대학교 교양과정부 조교수. 현대 문학을 전공하였으며 문학과 영화를 비롯한 대중 문화 및 영상 매체에 관심을 갖고 연구하고 있다. 대학에서 글쓰기 및 사고와 표현에 관한 강의를 담당하여 학생들을 가르치고 있다. 논문으로는 「영상매체를 활용한 글쓰기의 전략과 전망」, 「박경리 소설의 문학적 상상력과 영화적 변용」, 「탈냉전 시대 한국 영화와 분단의 심상지리적 상상력」 등이 있다.

최수현

세명대학교 교양과정부 조교수. 고전문학을 전공하였으며 고전의 현대적 소통에 관심을 갖고 연구하고 있다. 대학에서 글쓰기 및 의사소통 방법에 관한 강의를 담당하며 학생들을 가르치고 있다. 논문으로는 「학술적 글쓰기 교육의 방법과 의미-예술계열 수업 사례를 중심으로」, 「학술적 글쓰기로서 논문 서평 쓰기 수업 모형 연구」, 「국문장편소설 공간 구성 고찰-〈임씨삼대록〉을 중심으로」 등이 있다.

디지털 세대를 위한 창의적 구상과 소통의 글쓰기

초판 1쇄 발행   2015년 04월 10일
초판 2쇄 발행   2017년 09월 05일

지 은 이   최수현 · 한영현
펴 낸 이   박찬익
편 집 장   권이준
책 임 편 집   김경수

펴 낸 곳   (주) 박이정
주   소   서울시 동대문구 천호대로 16가길 4
전   화   (02)922-1192~3
팩   스   (02)928-4683
홈 페 이 지   www.pjbook.com
이 메 일   pijbook@naver.com
등   록   2014년 8월 22일 제305-2014-00028호

I S B N   979-11-86402-54-2 (03700)

* 책값은 뒤표지에 있습니다

창의적 구상과 소통의 글쓰기

한영현 · 최수현 지음

도서
출판 박이정

　수업 현장에서 만나는 학생들은 대체로 글쓰기를 해 본 경험이 적으며, 글쓰기 자체가 낯설다는 이야기를 하곤 한다. 그러나 이들은 하루에도 수차례에서 수십 차례에 이르기까지 글쓰기를 하면서도 그것을 의식하지 못한 채 생활한다. 스마트폰이나 컴퓨터와 같은 디지털 매체를 기반으로 디지털 글쓰기를 하고 있음에도 불구하고 이들은 그것을 '글쓰기'로 인식하지 못하고 있는 것이다.

　이러한 사정을 감안하여 우리는 학생들이 자신의 의사를 원활하게 적극적으로 그리고 올바르게 표현하고 타인과 소통할 수 있도록, 이들에게 익숙한 디지털 매체를 기반으로 한 글쓰기를 가르칠 필요성이 있다고 생각했다.

　이런 배경 아래 이 책은 디지털 세대들이 자신의 의사를 디지털 매체를 기반으로 효율적이자 전략적으로 전달하는 훈련을 할 수 있도록 구성되었다. 책의 구성은 크게 생각 열기, 글쓰기의 원리 및 과정 이해, 디지털 공간 속 실제 글쓰기의 과정으로 짜여져 있다.

　1부 '소통을 위한 생각 열기'에서는 '내'가 속해 있는 사회가 디지털 공간이라는 점을 인식하고 타인과 생각을 나누기 위한 한 방법으로서 글쓰기가 필요하다는 점을 설명한다. 이를 위해 이 부분은 '핵심어로 가득한 세상과 시각이 있는 글쓰기', '발상을 위한 시각 훈련-일상에 물음표 더하기', '새롭게 읽는 나, 새롭게 읽는 세상'으로 구성하였다.

　2부 '텍스트 읽기와 말하기를 통한 글쓰기 이해'에서는 글쓰기의 기본 원리 학습과 더불어 글쓰기의 전제가 되는 글 읽기의 과정을 병행해 학습하도록 하였다. 이는 문자텍스트를 어려워하고 시각 및 영상 이미지에 노출이 잦은 디지털 세대가 글쓰기의 과정을 단계적이자 체계적으로 학습하기 위해 필요한 부분이다. 이 부분은 '텍스트의 제목과 주제의 연관성 찾기', '텍스트를 문단 중심으로 분할하기', '핵심어를 이용한 문장 구성하기', '텍스트의 중심내용을 효과적으로 표현하기'로 구성하였다.

　3부 '디지털 공간 속 세상과의 소통'은 최근 활발하게 사용되고 있는 카카오톡, 카카오스토리, 트위터, 페이스북, 블로그 등을 활용해 이루어지는 실제 디지털 매체를 기반으로

한 디지털 공간 속 글쓰기에 관해 다루었다. 이 부분은 'SNS를 활용한 자유로운 비판과 표현', '블로그를 활용한 창의적 글쓰기와 표현'으로 구성하였다.

　이 책을 통해 우리는 디지털 매체 환경 속에서 자라나 '보고 느끼는' 것에 익숙한 세대들이 디지털 공간 속에서 자신의 의사를 논리적이고 효율적으로 표현할 수 있기를 기대한다.

　책을 만드는 과정에서 도움을 주신 여러 분들에게 감사함을 전한다. 먼저, 재능 기부 형태로 노래말을 쓰도록 허락해 주신 윤종신씨에게 감사드린다. 그 외에 소중한 자료를 기꺼이 사용하도록 허락해 주신 여러 기관과 단체 및 저자에게 지면을 빌어 감사를 전한다.

　또한 부족한 원고를 출판해 주신 박이정 출판사의 사장님과 출판 과정에서 수고를 아끼지 않으신 여러 담당자분들께도 감사의 말씀을 드린다.

2015년 3월
저자 한영현, 최수현

01

소통을 위한 생각 열기

1. 소통을 위한 생각 열기

이 단원에서는 디지털 환경 안에서 이루어지는 소통의 방법을 알아보고 우리가 디지털 매체 환경 속에서 어떻게 창의적으로 소통할 수 있을지 살펴보자.

N세대(net generation)라 불리는 오늘날의 2·30대는 디지털 세대라 할 수 있다. 이들 N세대는 대한민국의 디지털 매체 기술의 성장과 함께 태어나, 컴퓨터를 이용해 정보를 전달하고 사고를 표현하는 소통방식에 익숙해져 있다. 이들은 컴퓨터와 인터넷과 같은 디지털 기기와 매체를 이용해 정보를 받는 것뿐만 아니라 정보를 표현하는 것을 자연스러운 소통의 한 방법으로 이해한다.

디지털 매체와 기기를 이용해 이루어지는 N세대의 의사소통은 시간과 공간의 제약을 뛰어넘을 뿐더러 신속하고 다방면으로 동시적으로 이루어진다는 점에서 이전의 아날로그 시대의 의사소통 방식과 차이를 갖는다. 이는 의사소통 방식의 한 축을 이루는 글쓰기에서도 예외는 아니다. 참신하고도 비판적인 사고를 효과적으로 전달해야 하는 글쓰기의 기본 속성은 디지털 환경 속 글쓰기에서도 여전히 유효하고 필요한 것이다. 그러나 이와 함께 변화한 매체 환경의 특성을 고려한 디지털 글쓰기 전략 역시 N세대의 글쓰기에서는 필요하다.

이를 위해 디지털 글쓰기의 첫걸음이라 할 수 있는 디지털 세대에게 요구되는 '소통을 위한 생각 열기'에 대해 먼저 알아보자.

'소통'은 그것을 행하는 우리의 사고방식과 환경에 따라서 다양한 방식으로 이루어진다. 그리고 우리가 살아가는 디지털 미디어 환경은 우리의 사고를 형성하고 이렇게 형성된 사고는 디지털 미디어 환경을 새롭게 조직하는 동력으로 작용한다.

디지털 미디어 환경의 변화와 발전에 따라서 소통의 방식과 내용이 변화하고 발전하는 만큼, 우리가 처한 미디어 환경에 적합한 소통을 위해서 무엇을 어떻게 해야 할지 고민하는 것은 무엇보다 중요하다. 특히 소통은 언어를 통해 이루어진다는 점에서 디지털 매체 환경의 변화에 따른 언어의 변화 및 그것을 이용한 소통의 방식에 관심을 가져야 한다.

따라서 우리는 '디지털 미디어 환경'과 '소통'의 두 범주 안에서 다음과 같은 몇 가지 질문을 던져볼 수 있다.

> 첫째, 우리는 인터넷과 SNS 스마트폰 등을 통해 어떠한 방식으로 소통하는가.
> 둘째, 우리의 사고에 디지털 매체를 통한 소통은 어떠한 영향을 미치는가.
> 셋째, 글쓰기는 디지털 환경과 사고의 변화에 따라 어떠한 방식으로 이루어지고 있는가.

첫 번째 질문은 '인터넷'과 'SNS', '스마트폰'이라는 디지털 매체를 이용하는 소통이 다른 소통과 다른 성격과 특징을 갖는다는 전제에서 출발한다. 우리가 '디지털 환경' 속에서 살아간다는 것은 곧 '디지털 매체'를 활발하게 이용하면서 삶을 전개해 나간다는 의미이기도 하다. 따라서 이 소통의 매체가 되는 매체의 변이, 가령 2G폰에서 3G폰으로의 변화, 오프라인에서 온라인으로의 변화, 컴퓨터 통신 및 온라인 채팅에서 트위터나 페이스북 등으로의 변화된 매체의 종류와 그것을 수단으로 사용했을 때의 특징과 성격에 비춰 '소통'의 방식도 어떻게 변해 나갔는지를 질문해 볼 수 있는 것이다.

둘째는 위와 같은 소통의 변화가 우리의 '사고' 형성에 어떤 특정한 변화를 야기할 것이라는 전제 하에서 출발하는 질문이다. 사람은 일반적으로 여러 사람 혹은 대상과의 상호 소통을 통해서 자신의 정체성을 형성해 나간다. 가령, 우리는 태어나면서부터 가족을 비롯한 다양한 사람들과 만나면서 자신의 정체성을 형성한다. '정체성'이란 혼자 만들어 나가는 것이 아니라 '타인'들의 존재와 '소통'이라는 매개체를 통해서만 구성될 수 있는 것이다.

그렇다면 디지털 매체를 활용하여 사람들과 소통하는 개인들의 정체성은 어떠할까. 정체성이 개인들의 상호 소통과 거기에서 비롯된 사고 활동에서 비롯되는 것이라면, 디지털 매체 환경 속에서 우리가 다양한 매체를 통해 활동할 때, 우리의 사고는 분명 기존의 매체 환경과는 다른 방식으로 형성될 가능성이 크다.

세 번째는 우리의 사고를 표현하는 가장 중요한 행위인 '글쓰기'가 위와 같은 디지털 환경의 변화 속에서 특정한 방식으로 변화해 나간다는 전제에서 출발한다. 글쓰기는 개인의 사고를 표현하는 가장 순수한 활동이다. 위에서도 말했듯이, 사고가 개인들의 상호 작용과 소통을 통해 이루어진다면, 디지털 매체를 활용하여 소통하는 디지털 세대의 글쓰기는 분명 이전의 세대와는 다른 특징을 보일 것이다.

따라서 위의 세 가지 질문에 대한 답을 찾기 위해서는 디지털 미디어 환경에서 우리가 사용하는 언어와 글쓰기의 패턴 및 소통의 방식을 분석하고 의미를 발견해야 한다. 이를 통해서 디지털 세대를 위한 창의적 구상과 소통의 글쓰기 전략을 탐색하고 그것의 효용성을 타진해 볼 수 있을 것이다.

1) 핵심어로 가득한 세상과 시각이 있는 글쓰기

우리가 접하는 디지털 매체 속의 시각 자료는 그림이나 이미지이면서 동시에 핵심어임을 이해하고 디지털 매체 환경은 새로운 글쓰기를 위한 소통의 장임을 살펴보자.

일반적으로 대학생을 비롯한 디지털 세대는 자신이 접하는 미디어 환경을 사고를 필요로 하는 '글'이 아니라 감각적인 '이미지'로 대하는 경우가 일반적이다. 그래서 미디어 환경을 '보는 것'으로만 생각하는데 이것은 오해다. 디지털 미디어 환경은 수많은 글로 가득한 '읽을거리가 가득한 세계'라는 점을 명심해야 한다.

우리가 하루에도 수십 번씩 드나드는 '네이버'나 '다음'과 같은 포털 사이트의 미디어 환경을 살펴보자.

거대 포털 사이트를 살펴보면 동시간대에 일어난 사건·사고 및 주요 검색어들이 수없이 화면을 가득 채우고 있다. 조금만 시각을 달리하면 홈페이지가 사진을 비롯한 이미지만으로 이루어진 게 아니라 수많은 글들이 다양한 방식으로 배치되어 있는 화면이라는 것을 알 수 있다. 이 홈페이지를 통해 다음의 몇 가지 특징을 발견할 수 있다.

첫째, 사건·사고와 관련된 주요한 사진과 제목이 배치되어 있다
둘째, 실시간 연관 검색어가 수시로 바뀐다.
셋째, 다양한 제목들로 구성된 항목들이 구분 혹은 분류되어 있다.

위의 세 가지 특징은 디지털 미디어 환경에서 글이 형성되고 활용되는 방식을 보여 준다. 첫째의 경우 독자의 관심과 흥미를 끌 만한 제목을 제시하는 방식을 잘 드러낸다. 어떠한 제목을 이용하느냐에 따라 독자들의 선택 여부가 결정되기 때문에 제목을 적절하게 제시하는 방식의 일면을 확인할 수 있는 것이다.

둘째는 하루 동안 사람들의 입에 오르내리는 검색어를 나타내는데 사람들은 관심을 가지는 여러 이슈에 대한 '핵심어'를 선택하고 그것은 곧바로 연관 검색어에 게시된다. 이는 하루 동안 발생한 다양한 이슈에서 가장 핵심이 되는 '핵심어'를 어떻게 선택하고 제시하느냐와 관련된다. 이 또한 소통의 한 방법으로 글쓰기가 활용되는 사례에 속한다.

셋째는 적절한 제목과 항목에 따라 분류하고 구분하는 상태를 보여 주는 사례이다. 연관된 내용에 따라서 글을 주제별로 분류하고 구분하는 것은 글쓰기의 한 방법이다.

이러한 세 가지 특징은 디지털 미디어 환경이 단순히 보는 이미지에만 국한되어 있지 않으며 실제로는 수많은 다양한 형태의 글쓰기가 활용된 '읽는 텍스트'라는 것을 의미한다.

그리고 이러한 디지털 미디어 환경 안에서 우리는 자신의 관심과 흥미에 맞는 제목과 핵심어 및 내용을 선택하고 그것을 통해 세상과 만나고 소통한다.

따라서 디지털 미디어 환경을 통해 세상과 소통하는 방법의 첫 번째 준수 사항은 우리를 둘러싼 디지털 미디어 환경을 감각적인 '보는 것'으로만 인식하지 말고 그것을 사고하고 '읽는 것'으로 인식해야 한다는 점이다.

이는 디지털 세대가 흔히 접하는 페이스북이나 트위터 및 카카오톡 등의 다양한 소통 매체에도 적용되는 말이다. 우리가 사용하는 SNS와 스마트폰의 세상은 수많은 글쓰기로 가득하다. 자유롭게 사진을 올리고 그것에 대한 자신의 생각을 게시하고 함께 이야기하는 것 등이 모두 글쓰기의 행위에 속한다.

가령, 카카오톡에 화면을 살펴보자.

　카카오톡 화면에는 '나의 프로필'을 게시하게 되어 있다. '나의 프로필'은 '사진'과 '이름', '상태 메시지'를 등록하는 기능으로 구성된다. 수많은 사람들이 이러한 기능을 사용하여 사진과 이름, 상태 메시지를 등록하고 친구들과 소통한다. 이것은 사람들과 소통하는 즐거운 놀이로 인식될 수 있지만, 근본적으로는 간단한 글쓰기에 속한다. '사진'과 '상태 메시지'는 밀접한 연관 관계에 있다. '사진'을 등록하면 그와 관련된 '상태 메시지'를 제시하게 되고 이는 상대방이 볼 때 그 사람의 현재를 말해 주는 일종의 '프로필'이 되기 때문이다. 사람들은 무의식적으로 '사진'을 등록하고 사진 이미지와 관련된 '상태 메시지', 즉 '글쓰기'를 함으로써 소통의 전제가 되는 '글쓰기'를 시도하게 되는 것이다.

　이렇듯 디지털 미디어 환경 속에서 소통하는 방법과 절차에는 수많은 다양한 형태의 글쓰기가 활용된다. 그리고 바로 이러한 글쓰기의 행위를 통해서 디지털 세대는 좀더 신속하고 창의적인 소통의 방법을 모색할 수 있게 된다.

　다음의 읽을거리를 통해서 이러한 소통의 여러 방식을 살펴보자.

'디지털 스토리텔링 전도사' 이인화 이화여대 교수
"디지털시대에 모든 인간은 작가이자 독자"

온라인게임은 스토리텔링의 새로운 장르

디지털 스토리텔링이란 디지털기술을 매개로 창조되는 모든 이야기 행위를 의미한다. 컴퓨터나 인터넷을 통해 생성되는 글과 동영상 등은 모두 디지털 스토리텔링에 포함된다. 가령 블로그에 쓰는 글이나 유튜브에 올리는 동영상 같은 것들이다. 이인화 교수는 현재 이화여대 디지털스토리텔링 연구소 소장이자 사단법인 디지털스토리텔링학회 회장으로 활동하고 있다.(중략)

이인화 교수는 요즘 〈스토리텔링 진화론〉이라는 연구서를 쓰고 있다. 이 책의 마지막 결론은 '모든 인간은 작가'라는 것이다. 예술적 가치에 대한 인식은 역사와 더불어 변해왔다. 오늘날 디지털 기술을 기반으로 한 매체환경에서는 작가와 독자의 구분이 희미해졌다. 가령 소셜네트워크서비스 (SNS)는 누구나 자기 이야기를 올릴 수 있는 무대가 됐지 않은가.(중략)

– 이코노미조선, 2014년 3월 4일자, "디지털시대에 모든 인간은 작가이자 독자" –

위의 〈읽을거리1〉에서 제시한 것처럼 요즘 디지털 미디어 환경에서 우리는 모두 '작가' 이자 '독자'이다. 우리는 여러 디지털 기기를 활용하여 글을 쓰거나 읽는다. 때로는 작가가 되어 동영상과 사진, 그림 등을 올리고 그것에 대한 생각을 제시하며 사람들과 만난다. 내가 올린 동영상과 사진 및 그림 등은 사람들과 소통하는 과정에서 새롭게 의미를 획득한다. 또한 내가 올린 자료들을 퍼 가는 사람들은 내가 올린 자료들에 또다시 새로운 의미를 부여하기도 한다. 이렇게 수많은 사람들과 소통함으로써 새로운 작가와 독자가 탄생하는 것은 디지털 미디어 환경에 따라 형성된 창의적 소통의 한 방법이다.

〈읽을거리2〉는 '카카오 스토리'에 올린 사진과 글이다. 유럽을 여행하면서 직접 사진을 찍고 그것에 얽힌 이야기를 짧은 글로 전달하는 이 방식은 '작가'이자 '독자'의 경계를 허무는 간단하지만 대표적인 사례이다.

누구나 여행을 하면서 사진을 찍고 감상을 느낄 수 있다. 그런데 여행 당시의 현장에서 사진을 찍고 감상을 느끼는 것은 매우 개인적인 차원에서만 이루어지기 때문에 소통의 과정을 수반하지 않는다. 그러나 우리가 직접 SNS와 같은 디지털 매체를 활용하여 사람들과 소통함으로써, 디지털 환경 속에서 작가이자 독자로서 새로운 정체성을 확보하는 과정을 밟아 나갈 수 있다. 위의 카카오스토리의 주인은 직접 사진을 찍고 그것에 얽힌 이야기를 만들어냄으로써 사진 작가이자, 스토리 작가로 변모한다. 또한 이를 카카오톡 친구들과 함께 공유하면서 여러 독자들과 만나게 된다.

최근에 확장되어 가고 있는 SNS의 활동은 이렇듯 어떤 경험을 단순히 개인적인 차원에만 국한시키지 않고 개방적인 차원에서 확산시키는 경향을 보여 준다. 이를 가능케 한 것이 바로 디지털 소통 매체들이다. 우리는 다양한 디지털 매체들을 활용하여 비로소 작가이자 독자의 경계가 허물어진 개방된 사회 속으로 누구나 쉽게 진입할 수 있게 된 것이다.

'작가'이자 '독자'로서의 디지털 세대의 소통 방식은 다음의 페이스북 활동을 통해서도 그 일면을 발견할 수 있다.

– 오인태 페이스북, 2014년 2월 21일 –

　위의 〈읽을거리3〉은 '밥상시인'이란 필명으로 더 알려진 오인태 시인의 페이스북에 2014년 2월 21일에 올라온 글이다. 오인태 시인은 소박하면서도 정갈한 저녁 밥상 사진과 그에 대한 단상 그리고 이에 대한 시를 디지털 공간에 올린다. 이를 통해 오인태 시인은 페이스북 친구(2014년 9월 8일자 4,999명)들과 새로운 방식의 저녁 식사 함께 하기를 한다. 오인태 시인이 올린 글에는 또 다른 어디선가 저녁 식사를 들고 있는 이나 혹은 식사를 아직 못했지만 곧 할 예정인 누군가가 자신의 일상에 대해 댓글을 남기는데, 이는 밥상머리에서 이야기꽃을 펼치는 것처럼 꼬리에 꼬리를 물고 이어진다. 이러한 소통의 글쓰기는 물리적 시공간이 제각각 다른 위치에 있는, 얼굴도 나이도 모르며 한 번도 만나보지 않은 이들이 페이스북이라는 소셜미디어 속 공간에서 만나 하루의 일과를 마치고 저녁을 함께 먹는 기분과 위로를 맛보게 하는 데까지 나아가게 한다. 이처럼 디지털 매체를 활용한 글쓰기는 시공간을 초월해 동시대를 살아가는 이들이 일상의 감정을 나누고 연결되게 해주는 창의적 소통의 방법이라 할 수 있다.

오늘의 커피는 탄자니아^^~
커피를 내리는 짧은 시간동안 여유도 가져보고
함께 마시는 이와 담소도 나누고^-^
소소하지만 고마운 일상

좋아요 · 댓글 달기 · 공유하기

〈읽을거리4〉 역시 페이스북에 올린 사진과 글이다. 커피를 내려 주위 사람들과 마시는 일상은 온전히 개인적인 영역의 일이다. 그런데 이 과정에서 느꼈던 감성을 디지털 매체 공간의 하나인 '페이스북'에 사진과 글로 게시함으로써 이 과정은 비록 개인적인 영역의 일일지라도 그 공간에 함께 있지 못했던 이들과 감성을 나누고 소통하는 일로 확장된다. 이 글을 읽은 또 다른 누군가는 '좋아요'를 눌러 사진과 글에 공감하는 자신의 의사를 전달하기도 하며, 보다 적극적으로 '댓글 달기'를 통해 자신의 생각을 표현하기에 이르기 때문이다.

디지털 공간은 디지털 매체를 이용하기만 한다면 누구나 손쉽게 접근이 가능한 곳이다. 더욱이 이 공간은 물리적 거리나 시간의 제약으로부터 자유로운 곳이기에 이용자가 원하는 때에 디지털 매체에 접속해 자신의 관심거리를 찾아보고, 그것을 읽고, 그것에 대해 표현을 하는 것이 용이하다. 이 같은 디지털 공간의 특성상 사람들은 더 이상 동일한 시공간에 있지 않더라도 디지털 공간을 통해 그 안에서 이야기와 감성을 공유하고 나누는 행위를 자유롭게 할 수 있게 되었으며, 이는 이전 세대에 비해 소통의 방식이 확대된 것이라 할 수 있다.

한편, 우리가 살아가는 디지털 공간에 필요한 효율적인 글쓰기 방식을 찾기 위해서는 먼저 나와 타인과의 소통의 연결고리가 되어줄 디지털 매체, 그리고 디지털 매체를 통해 참신한 발상을 표현할 주체인 '나', 즉 디지털 세대에 대한 이해가 필요하다.

무수한 정보가 표현되고 있는 디지털 공간에서 효과적인 디지털 글쓰기를 하기 위해서는 명확한 핵심어와 뚜렷한 시각이 필요하다. 뚜렷한 시각은 디지털 공간 속의 수많은 글들 가운데 나의 글을 내용적인 면에서 보다 참신하면서도 변별력 있게 만들어준다. 동시에 이러한 시각을 담아내는 핵심어들은 수많은 이미지들이 송출되고 있는 디지털 공간에서 나의 글을 시각(視覺)적인 면에서 보다 선명하고 간결하게 만들어준다.

다음의 사례를 통해 이러한 시각이 있는 글쓰기에 대해 생각해 보자.

SK이노베이션, 'ASK' 광고 호평
'혁신과 창조' 앞세운 동반성장 캠페인…'론칭편' 인기CF 1위

(전략) SK이노베이션의 기업 광고 'ASK 이노베이션(innovation)' 캠페인이 소비자들로부터 호평을 받고 있다. (중략)

'론칭편'은 '이 회사의 전공이 무엇일까'에 대한 답과 SK이노베이션만의 혁신에 대한 관점을 담고 있다. 슬로건에 대한 주목도를 높이기 위해 도입 부분에 타자기 소재를 적용했으며, 빠르게 지나가는 강렬한 'ASK' 이미지들과 계란이 바위를 깨뜨리는 장면을 넣어 물음이 만들어 가는 혁신의 힘을 전달하고자 했다. (중략)

2차로 방영된 '정신편'에서는 물음을 상징적으로 표현한 페이스페인팅과 환하게 웃는 얼굴, 독특한 컴퓨터그래픽(CG) 작업을 통해 회사가 갖고 있는 물음에 대한 가치와 생각을 표현했다. (중략)

– 정기수 기자, 아이뉴스24, 2013년 6월 4일자, "SK이노베이션, 'ASK' 광고 호평" –

위의 〈읽을거리5〉은 한 기업의 광고에 대한 대중들의 반응을 소개한 기사이다. 기사에서 언급된 것처럼 이 기업의 광고는 시청자들로부터 호평을 받았다. 기업광고는 회사의 이미지를 소비자에게 전달하기 위해 광고기획자와 광고 회사가 선택한 소통의 방식이라 할 수 있다. 하루에도 무수한 광고가 TV에서 방영되고 있는 것을 감안한다면, 광고가 호평을 받았다는 점은 이 광고가 대중과의 소통에서 성공했다는 것을 의미한다.

이처럼 대중적 인지도를 얻을 수 있었던 데에는 이 광고들이 참신한 발상을 보여준 동시에 이러한 시각을 몇 개의 핵심어를 반복 활용해 지속적으로 보여주었기 때문이다. 기사에서 소개된 것처럼 이 광고들은 참신한 발상과 함께 핵심어를 효과적으로 활용했다. 광고들은 기업에서 부각하고자 하는 이미지인 '이노베이션'이라는 핵심어를 효과적으로 제시하기 위해 그룹 이름인 SK의 앞에 A를 붙여 대중들로 하여금 기업이 추구하는 '이노베이션'에 대해 자연스레 생각하게 하는 발상의 참신함을 보여주었다. 그리고 이러한 핵심어를 관련된 시청각 이미지와 함께 여러 차례 제공하였다. 이처럼 30초짜리 광고에서 반복된 핵심어와 이와 연관된 이미지의 제공은 회사가 추구하는 이미지를 효과적으로 대중들에게 전달하는 데 기여했다.

이렇듯 디지털 미디어 환경 속에서는 우리의 참신한 시각과 그것을 간결한 핵심어로 전달하며 사람들과 소통하는 능력이 요구된다. 나의 참신한 시각을 글로 표현하고 간결한 핵심어로 사람들과 소통하면서 창의적으로 디지털 환경을 즐기는 것, 이것이 바로 디지털 환경에서 우리가 주체적으로 사고하고 표현하며 창의적으로 소통하기 위한 첫걸음이다.

최근에 디지털 매체를 활용해 글쓰기를 해 본 경험을 소개해 보자.

1. 글을 쓴 시기는 언제인가.

2. 어떤 공간에 글을 썼는가.

3. 어떠한 주제를 가지고 글을 적어보았는가.

4. 디지털 매체를 활용해 적은 글을 누구와 함께 나누었는가.

5. 다른 이들과 글을 통해 소통을 하면서 얻은 생각은 무엇인가.

자신의 카카오 스토리(카카오 톡 프로필)나 페이스북에 현재의 자기 모습을 가장 잘 보여 줄 수 있는 사진이나 동영상 및 그림 등을 게시하고 그에 적절한 문장이나 글을 써 보자. 그것을 보고 친구들이 보인 반응이나 관심 등이 어떤지 말해 보자.

1. 친구들과 소통하기 위해 선택한 디지털 매체는 무엇인가.

2. 친구들과 나누고 싶은 사진과 문장(글)은 무엇인가.

3. 친구들이 보인 반응이나 관심은 어떠한 것인가.

4. 친구들의 반응을 보고 든 생각은 무엇인가.

자주 들어가 글을 읽어보는 디지털 공간을 떠올려보고 게시글의 특징에 대해 이야기를 나누어보자.

1. 자주 들어가 글을 읽어보는 디지털 공간에 대해 이야기해보자.

2. 그 디지털 공간에서 주로 읽는 글이 무엇인지 이야기해보자.

3. 그 공간의 게시글의 특징을 이야기해보자.

4. 게시글에 댓글과 같은 방식 등으로 자신의 의견을 표현해 본 적이 있는지 이야기해보자.

5. 자신의 의견을 표현해본 적이 있다면, 어떤 내용의 댓글을 써보았는지 이야기해보자.

6. 그 댓글에 대해 원 글의 게시자와 이 글과 댓글을 읽은 다른 이들의 반응은 어떠했는지 이야기해보자.

게시자 :

다른 이들 :

----

7. 내가 쓴 댓글에 대한 원 글의 게시자와 다른 이들의 반응을 보고 나는 디지털 공간에서 글쓰기에
   대해 어떤 생각을 하게 되었는지 이야기해보자.

2) 발상을 위한 시각 훈련-일상에 물음표 더하기

디지털 매체 환경 속에서 사람들과 창의적으로 소통하기 위한 방법을 알아보자.

우선 일상적으로 접하는 주변의 모든 대상을 창의적 관점과 시선으로 바라보아야 함을 명심하자.

이 장에서는 효과적인 디지털 글쓰기를 위해 필요한 참신한 발상에 대해 알아보자. 아날로그 글쓰기에서만이 아니라 디지털 글쓰기에서도 여전히 중요한 것은 대상에 대한 참신한 발상과 뚜렷한 시각이다. 앞서 살펴보았듯이 참신한 발상과 명확한 시각은 수많은 글들 가운데 나의 글의 핵심을 부각시키고 다른 글들과 변별력 있게 만들어주는 요소이기 때문이다.

우리는 앞서 살펴본 것처럼 수많은 정보들이 이미 송출되고 넘쳐나고 있는 디지털 환경 속에 놓여 있다. 이런 환경에서 효과적인 글을 전달하기 위해 필요한 것은 다름 아닌 창의적 사고를 기반으로 한 글쓰기이다.

창의력은 세상을 바라보는 자신의 관점과 시선을 가질 때 형성된다. 이를 위해서는 자신을 둘러싼 세상을 있는 그대로 이해하고 받아들이는 것이 아니라 그것에 의문을 제기하고 때로는 새롭게 보는 태도가 필요하다.

주어져 있는 세상 혹은 대상에 대해 항상 물음표를 달고 그것을 자신만의 관점으로 새롭게 읽을 때 비로소 자신만의 창의적 사고가 형성된다. 그리고 이를 통해 다른 사람들과 창의적으로 소통하는 표현 능력도 향상시킬 수 있다.

다음의 예문을 통해 대상에 대한 창의적 발상에 대해 생각해 보자.

팥 넣고 푹끓인다 설탕은 은근한 불 서서히 졸인다 졸인다

빙수용 위생 얼음 냉동실 안에 꽁꽁 단단히 얼린다 얼린다

프루츠 칵테일의 국물은 따라 내고 과일만 건진다 건진다

체리는 꼭지체리 체리는 꼭지체리 깨끗이 씻는다 씻는다

팥빙수 팥빙수 난 좋아 열라좋아

팥빙수 팥빙수 여름엔 왔다야

빙수기 얼음 넣고 밑에는 예쁜 그릇 얼음이 갈린다 갈린다

얼음에 팥 얹히고 프루츠 칵테일에 체리로 장식해 장식해

팥빙수 팥빙수 난 좋아 열라 좋아

팥빙수 팥빙수 여름엔 이게 왔다야

주의사항 팥 조릴 때 설탕은 충분히

찰떡 젤리 크림 연유 빠지면 섭섭해

빙수기 얼음 넣고 밑에는 예쁜 그릇 얼음이 갈린다 갈린다

얼음에 팥 얹히고 프루츠 칵테일에 체리로 장식해 장식해

팥빙수 팥빙수 난 좋아 열라 좋아

팥빙수 팥빙수 여름엔 이게 왔다야

빙수야 팥빙수야 싸랑해 싸랑해

빙수야 팥빙수야 녹지마 녹지마

야! 빙수야 팥빙수야 싸랑해 싸랑해

빙수야 팥빙수야 녹지마 녹지마

나나나 나나나

빙수야 팥빙수야 싸랑해 싸랑해

빙수야 팥빙수야 녹지마 녹지마

야! 빙수야 팥빙수야 싸랑해 싸랑해

빙수야 팥빙수야 녹지마 녹지마

나나나 나나나

빙수야 팥빙수야 싸랑해 싸랑해

빙수야 팥빙수야 녹지마 녹지마

– 윤종신, 〈팥빙수〉, 2007 –

위의 〈읽을거리1〉은 대상에 대한 자유로운 연상과 창의적인 발상이 돋보이는 대중 가요이다. 여름에 흔히 먹는 '팥빙수'를 새롭게 해석한 이 가요는 발상의 참신함 덕분에 큰 인기를 끌었다.

이 가요의 참신함은 여러 곳에서 드러난다. 여름이면 흔하게 먹는 '팥빙수'를 마치 친구나 연인을 대하듯 의인화하여 표현한 점, "녹지마 녹지마, 싸랑해 싸랑해, 장식해 장식해" 등과 같은 후렴구를 넣어 시적 운율을 살린 점, 팥빙수가 만들어지는 과정을 세밀하게 관찰하여 재미있게 표현한 점 등이 눈에 띈다.

이 곡을 만든 작곡가는 자신의 참신한 발상을 감각적인 '음악'을 통해 표현했고, 이것을 통해 대중과 소통할 수 있었다. 이렇듯 '소통'은 새로운 발상과 관점에서 비롯된다. 그리고 대상에 대한 참신하고 창의적인 발상은 쉽게 접하거나 흔하게 목격되는 대상에 관심을 기울이고 그것을 자신의 관점으로 해석하고 의미화 할 때 가능해진다.

> 참신한 발상은 일상에서 마주친 모든 대상들에 관심을 갖는 데서 시작한다. 또한 자신만의 관점으로 대상의 새로운 면을 바라보고 해석하는 데서 참신한 발상이 시작된다. 이러한 참신한 발상은 세상과 소통할 수 있는 효율적인 수단이다.

다음의 예문을 통해 이에 대해 좀더 자세히 알아보자.

[인터뷰 通] 광고로 애국하는 남자 이제석 대표
중요한 건 '삶', 광고쟁이가 '살리는' 일 뭘까요

이제석(이제석광고연구소 대표) 대표가 만드는 광고는 단순하다. 무뚝뚝한 대구 남자의 감성이 광고에도 담겨 있다. 사실 그의 광고는 말보다 한 방의 '그림'이다. 단순한 비주얼로 모든 사람의 고개를 끄덕이게 하는 광고를 만드는 것이 이제석 스타일이다. 그의 광고 화법은 전 세계에 먹혔고, 세계 유명 광고 공모전을 싹쓸이했다. 잘나가는 스타 광고인은 지금 한국으로 돌아와 돈 안 되는 공익광고를 만들고 있다. '광고로 애국하겠다'는 신념을 실현한 것이다.

이 대표는 세계가 인정한 '광고쟁이'다. 생각을 뒤집는 광고로 미국에 간 뒤 6개월 만에 광고 공모전에서 입상했다. 가장 먼저 상을 탄 것은 대기오염의 심각성을 고발한 '굴뚝총' 광고. 세계적 권위를 자랑하는 '원쇼 칼리지 페스티벌'에서 최고상을 수상했다. '뿌린 대로 거둔다'(What goes around comes around)는 광고도 마찬가지. 군인이 겨눈 총구가 결국 자신에게 돌아오는 반전 메시지 광고는 국제 광고 공모전에서 10여 개의 메달을 따는 기염을 토했다.

돈에 따라 모든 것이 움직이는 광고판에서 이제석은 가치를 다른 곳에 뒀다. 가구와 신발, 과자 광고를 할 때 느낄 수 없는 뿌듯함을 공익광고를 하며 맛본 뒤, '섬 도둑질 그만'(STOP ISLAND THEFT) 이라는 설치물을 만들어 뉴욕 맨해튼에서 일본을 비판하는 게릴라 퍼포먼스도 벌였다.

그는 상업광고는 '예산의 판'은 크지만 '생각의 판'이 작다고 설명했다.(중략)

생각의 판을 넓히기 위해 그는 '이제석광고연구소'(이하 이제석연구소)를 차렸다. 이곳에서 제작하는 광고 80% 이상이 공익광고다. 밤잠 설쳐가며 범인과 씨름한다는 의미로 서울 강남 경찰서에는 부엉이 벽화를 그렸고, 부산에는 '총알같이 달려가는 경찰'이라는 메시지를 담아 진짜 차를 광고판에 끼워넣었다. 상업광고를 할 때는 '아이디어비'를 3천만원 이상 받지만 공익광고에서는 아이디어비가 제로다. 이 대표는 "공익광고는 없는 판을 만드는 것"이라며 "공무원들이 홍보 예산을 올릴 때도 아이디어는 '결제 대상'이 아니니까 재능 기부를 한다. 아이디어비를 받지 않아도 공익광고할 때는 자존심이 상하지 않는다"고 웃었다.

'스펙'보다 '자기 브랜드'가 중요

계명대 시각디자인과에 입학해 4.5점 만점에 4.47의 우수한 성적으로 졸업했고, 광고에 삶을 '올인'했지만 한국 사회는 실력 대신 간판을 봤다. 졸업 뒤 수십 군데 지원서를 냈지만 부르는 곳이 없었다. 세계 광고 시장에서 인정받자 한국 회사들은 그의 실력을 뒤늦게 인정했다. 출신 대학에 지나치게 큰 의미를 부여하는 한국 사회에 대해 이 대표는 일침을 가했다.

"광고쟁이 입장에서 '스펙 집착'은 자기 중심적이지 못하다고 봅니다. 스펙에는 대학뿐 아니라 사는 곳과 ○○기업 사원증 배지, 차 모두 포함되죠. 사람들은 스스로 당당하지 못할 때 명품 가방이나 다른 브랜드를 빌려 자신을 포장합니다. 하지만 '나의 정체성'이 있으면 이런 게 다 필요 없어요. 저는 미국 회사에서 일할 때부터 회사가 브랜드가 아니라 '나'라는 브랜드를 만들겠다고 생각했어요." 그는 갑자기 신고 있던 흰색 운동화를 벗어 보였다. "보세요. 나이키 짝퉁 운동화예요. 3만원짜리지만 나이키라는 브랜드보다 '이제석이 신은 신발'이라는 데 더 큰 의미를 둡니다."

– 황수영 기자, 매일신문, 2015년 3월 10일자, "[인터뷰 通] 광고로 애국하는 남자 이제석 대표" –

위의 예문은 광고 천재라고 불리는 이제석을 인터뷰한 내용이다. 인터뷰에서 알 수 있듯이 그에게는 뛰어난 학벌도 뛰어난 지능도 없었다. 그러나 그에게는 '열정'과 '끈기' 그리고 자신만의 관점과 시선으로 세상을 향해 용기 있게 말하고 표현하는 능력이 있었다. 그는 자신만의 독특한 아이디어와 그것을 표현한 광고를 이용하여 세상과 새롭게 소통하는 방법을 몸소 보여 주었다.

우리를 둘러싼 세계에는 수많은 대상들이 존재한다. 이러한 대상들을 자신의 관점으로 새롭게 바라보고 용기 있게 세상에 말할 수 있는 능력은 모두에게 주어져 있다.

우리를 둘러싼 다양한 사물을 그냥 쉽게 지나치지 말고 그것에 관심을 기울이고 말을 걸어 보는 것, 그것이 바로 일상에 물음표를 던지고 세상을 새롭게 읽고 소통하는 방법이다.

다음의 예문을 통해 발상의 참신함을 생각해 보자.

[콘텐츠가 미래다 10] 웹툰 작가 하일권 "목욕의 신 '허세'? 목욕탕서 탄생"
일상서 다양한 소재 찾아…'목욕의 신' 영화 시나리오 작업 중

웹툰이 대표적인 온라인·모바일 콘텐츠로 떠오르면서 작품 소재도 점점 다양해지고 있다. 학원물이나 애완동물이 등장한 작품부터 일기 형식까지 선보이면서 독자들의 선택의 폭도 함께 넓어졌다. 다양한 소재의 웹툰이 등장하면서 독자들은 보다 많은 작품을 접할 수 있게 됐지만 작가들의 고민은 더욱 깊어졌다. 많은 작품이 등장해 경쟁이 치열해지면서 참신한 소재를 찾기가 한층 어려워졌기 때문이다.

그중 단연 돋보이는 소재와 이야기 전개로 주목받고 있는 이가 하일권(32) 작가이다. 하 작가는 대표작 '목욕의 신'을 비롯해 △삼봉이발소 △안나라수마나라 △3단 합체 김창남 등을 잇달아 히트시키며 톡톡 튀는 소재를 선보였다. 최근 하 작가를 부천시에 위치한 한국만화영상진흥원에서 만났다. (중략)

그의 대표작인 목욕의 신은 주인공 허세가 우연히 금자탕이라는 목욕탕에 세신사(때밀이)로 들어가면서 일어나는 일을 재미있게 풀어낸 작품이다. 허세가 대학을 갓 졸업한 사회 초년생이다 보니 그 나이대의 독자가 공감할 수 있는 취업, 인생의 목표 등의 이야기도 자연스럽게 나왔다.

네이버 웹툰에서 연재된 이 작품은 독특한 소재와 이야기 전개로 독자들의 큰 관심을 받아 단행

디지털 세대를 위한 창의적 구상과 소통의 글쓰기

본으로도 출간됐다. 하 작가는 목욕의 신의 경우와 마찬가지로 다른 작품의 소재도 일상생활 속에서 찾는 편이다. (중략)

– 아주경제, 2014년 5월 7일자, "웹툰 작가 하일권 "목욕의 신 '허세'? 목욕탕서 탄생" –

위의 〈읽을거리3〉은 대상에 대한 참신한 발상을 보여주는 인상적인 웹툰에 관한 기사이다. 『목욕의 신』, 『삼봉이발소』, 『안나라 수마나라』, 『3단 합체 김창남』 등의 제목에서 짐작되듯이 다양한 소재를 참신하게 해석한 하일권 작가의 웹툰들은 신선한 발상 덕분에 네티즌들 사이에서 많은 호평을 받았다.

기사에서 언급된 것과 같이 『목욕의 신』을 비롯한 하일권 작가의 웹툰들 가운데에는 일상생활의 순간순간 벌어지는 여러 가지 사건들을 소재로 취한 것들이 있다. 『목욕의 신』의 경우는 목욕탕이라는 공간에서 주인공이 세신사라는 직업을 경험하는 것을 보여주는 작품으로, 일상 속 공간을 새롭게 착안한 독특한 발상은 네티즌들에게 호기심을 이끌어냈다. 아울러 주인공이 다름 아닌 대학을 졸업한 지 얼마 되지 않았으며 취업과 삶의 목표를 고민하고 방황하는 모습을 보여주는 인물이라는 점에서 네티즌들이 소재의 독특함 속에서도 쉽게 공감할 수 있도록 했다.

이처럼 하일권 작가의 웹툰은 최근 컴퓨터나 스마트폰과 같은 디지털 기기들의 발달과 인터넷의 활성화를 통해 다양한 웹툰이 많이 창작되는 속에서 일상의 소재를 활용해 이야기를 만들어가더라도 참신한 발상을 통해 진부하지 않게 표현함으로써 대중들과 소통을 시도했다는 점에서 의미가 있다.

다음의 예문을 통해서도 발상의 참신함을 생각해 보자.

옆의 〈읽을거리4〉는 대상에 대한 참신한 발상이 인상적인 웹툰의 일부이다. 『역전! 야매요리』라는 제목에서 짐작되듯이 '요리'에 대해 새롭게 해석한 이 웹툰은 신선한 발상 덕분에 네티즌들 사이에서 많은 호평을 받았다.

이 웹툰이 보여준 새로운 발상은 다음과 같다. 일정 수준 이상의 요리를 만드는 과정을 보여주는 내용을 담으면서도, 제목에서 언급한 것과 같이 그 요리를 정석으로 조리하는 과정이 아닌 '야매'의 과정으로 만드는 과정을 보여주는 것이 그것이다. 이는 곧 네티즌들에게 호기심을 이끌어냈다. 더욱이 그 과정을 통해 만들어진 음식이 주변에서 쉽게 구할 수 있는 식재료라는 점과 조리의 과정이 사진과 함께 제시됨으로써 쉽게 따라 할 수 있는 방식이라는 점, 그리고 실제로 먹을 수 있는 음식이라는 점에서 네티즌들에게 웹툰을 읽는 과정에서 거듭 발상의 참신함을 느낄 수 있게 하였다. 덧붙여 원래의 요리를 잊어버린 채 끝나는 것이 아니라 원요리를 연상할 수 있는 종이 모형을 장식으로 곁들여 제시하고 원래 추구하던 요리에 대한 뚜렷한 생각을 보여줌으로써 웃음을 선사했다.

이 웹툰은 최근 2~3년 사이에 요리 소재의 드라마나 영화들이 많이 만들어지는 속에서 요리라는 동일한 소재를 활용해 이야기를 만들어가더라도 참신한 발상을 통해 새롭게 표현함으로써 대중들과 소통했다는 점에서 의미가 있다.

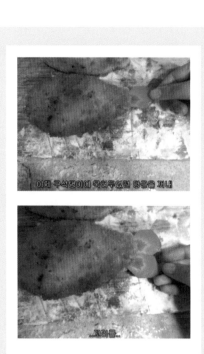

마트에서 이것 두 팩을 사옵니다.
네? 랍스터 요리라더니 웬 새우냐구여?

여러분, 사실 이건 새우가 아닙니다.
보급형 랍스터 랑새우입니다.

:
중략
:

소금을 소금소금
후추를 후추후추 넣어주세여

:
중략
:

ㅠㅠ 그는 줄은랍새우였습니다.

이제 구석탱이에 묵혀두었던 당근을 꺼내

...꼬리를...

:
중략
:

여... 여러분이 기다리시던
공예타임 시작할게여

:
중략
:

이제 진짜 완성.

— 정다정, 네이버 웹툰 〈역전! 야매요리〉 1화 '럭셔리랍새우튀김' 중에서, 2011년 12월 10일 —

자신이 좋아하는 게임을 한 가지 정한 후, 그 게임의 스토리라인을 자신만의 창의적 발상으로 새롭게 구상해 보도록 하자.

예문

최근 PC게임의 트랜드 분석 및 추후 융합 필요성

1. 최근 게임의 트랜드

1997년 스타크래프트를 시작으로 해서 전략시뮬레이션 게임이 대세를 이루었고 현재도 스타크래프트 2를 포함한 전략시뮬레이션 게임은 게임의 주류를 이루고 있다. 이 게임의 특성은 각 플레이가 전쟁의 명령권자가 돼서 플레이를 하는 방식이다. 현 시스템 구현상 각 플레이어가 각 유닛을 컨트롤해야 한다.

이러한 게임을 통해 일반 유닛보다 강력한 유닛인 영웅의 개념이 등장했고, 그 영웅들의 전쟁을 게임화하여 성공한 게임이 현재 게임 순위 1위를 달리고 있는 '리그 오브 레전드'(일명 LOL)라는 게임이다. 이 리그오브 레전드는 각 영웅들의 전쟁을 각 플레이어가 개별적으로 컨트롤 하는 방식으로 현재 많은 플레이어가 열광하고 있다.

2. 추후 융합의 필요성

위에 언급한 PC게임은 컴퓨터를 기반으로 한 것으로 게임의 대세를 이루고 있으나 모바일 게임으로 인해 시장이 줄어들고 있다. 이에 따라 위 두 종류의 게임을 융합함으로써 모바일 시장과 차별화된 게임시장을 창출할 수 있다고 판단된다.

말하자면 한 게임 내에서 게임을 시작하며 처음은 각자의 개인 유닛을 성장시켜 LOL과 같은 게임을 하며 진행하고, 일부 유저는 더욱 강력한 개인 유닛을 성장시키고 일부 유저는 전쟁의 커맨더가 됨으로써 친구나 동료의 유닛을 받아 스타크래트프와 같은 전략시뮬레이션 게임을 하는 것이다. 즉 같은 게임을 하더라도 각 플레이어가 경험하는 게임은 별개가 됨으로써 게임을 하면서 경험하는 지겨움 등의 감정을 줄이는 것이 가능하고 새로운 게임을 다시 시작함으로써 발생하는 허탈함 등도 줄일 수 있다. 또한 한 게임 내에 많은 플레이어들이 다양한 역할을 함으로써 길드 시스템 등의 커뮤니티 기능도 강화가 되리라고 판단된다.

또한 우리가 사는 세상과 같이 작은 집단과의 전쟁에서 국가 간의 전쟁, 세계 전쟁을 넘어 우주 전쟁까지 확장할 방법은 많다. 그리고 현재 저장장치 등과 그래픽/메이보드 등의 성능이 고도화되어 감에 따라 이와 같이 게임을 융합하고 확장하는 것은 충분히 가능하다.

1. 좋아하는 게임 이름

_____

_____

_____

2. 게임 선정 이유

_____

_____

_____

_____

_____

_____

_____

_____

_____

3. 소개된 게임의 스토리

4. 게임을 새롭게 구상할 때의 구성 방법(캐릭터 선정 및 전략 등)

5. 새롭게 구상한 게임 제목

6. 새롭게 구상한 게임의 스토리

일상생활에서 우리는 수많은 소리를 접하게 된다. 이러한 소리 가운데에는 우리가 즐겨듣는 대중가요도 큰 부분을 차지한다. 즐겨듣는 노래들 가운데 발상의 참신하다고 생각한 곡이 있다면 이를 친구들에게 소개해보도록 하자. 참신한 발상이 인상적이었던 노래의 가사를 알려주고, 그 이유를 글로 정리해서 써 보자.

1. 곡명

2. 노래 가사

3. 선정 이유

발상의 전환을 통해 대중가요 1편을 패러디해보자.

1. 패러디 할 원곡명

2. 원곡 선정의 이유

3. 원곡의 가사

4. 선정한 대중가요에서 패러디할 부분

5. 패러디의 주제

6. 패러디 한 대중가요

7. 패러디한 대중가요를 본 친구들의 평가

3) 새롭게 읽는 나, 새롭게 읽는 세상

디지털 매체를 활용하여 나만의 창의적인 관점을 표현하고 사람들과 소통하는 방법을 이해하고 익히자. 우리가 디지털 매체를 활용하여 다양하고 창의적인 사고를 전달하며 세상을 창의적으로 이해하고 분석할 수 있게 되었다는 점을 알자.

앞서 디지털 환경 속에서 디지털 매체를 이용해 글을 쓸 때의 특징들, 그리고 디지털 글쓰기를 효과적으로 하기 위해 필요한 참신한 발상에 대해 알아보았다. 그렇다면 이제 디지털 글쓰기를 하는 과정에서 소통 능력의 핵심이 되는 '나'에 대해서 생각을 해보도록 하자.

아날로그 글쓰기에서 디지털 글쓰기로 글쓰기 환경이 변화한 것을 파악하고 이해하는 것 못지않게 글 쓰는 주체로서의 나에 대해 알아보는 것은 중요하다. 글쓰기의 환경이 변했을지라도 글에 담긴 시각은 곧 글을 쓰는 '나'로부터 비롯되는 것이기 때문이다.

다음의 예문을 통해 디지털 매체 환경 속의 '나'에 대해 새롭게 생각해 보자.

'인터넷의 추억' 영영 지워야 한단 말인가
서비스 종료하면 게시물 · 댓글 · 사진 등도 사라져… '개인의 기억' 보존할 권리는 없나

(전략) 1월 17일 프리챌이 커뮤니티 서비스 중단 방침을 밝힌 후 추억을 수습하기 위해 프리챌을 찾은 대다수 네티즌들에게 프리챌 접속은 오래 비워둔 집을 찾는 것과 비슷한 일이었을 것이다. 1999년 만들어진 프리챌은 2000년대 초반 이용자의 온라인 가상 캐릭터인 아바타와 전문 커뮤니티 서비스로 폭발적인 인기를 끌었지만, 2002년 유료화 선언 이후 많은 이용자들이 프리챌을 떠나 다른 온라인 서비스로 이동했기 때문이다. (중략)

이러한 우려는 최근 파란닷컴(하이텔의 후신 · 2012년 7월), 야후(2012년 12월), 나우누리(1월), 프리챌(2월) 등 PC통신과 1세대 인터넷 서비스가 잇달아 서비스를 중단하는 상황에서 나오고 있다. IT 산업에 영원한 강자는 없다. 지금은 막강한 위세를 자랑하는 인터넷 서비스라도 시장의 변화에 뒤처지면 한순간에 신생 서비스에 밀려 무너진다. 이 때문에 발생하는 한 가지 문제가 있다. 개인이 각종 인터넷 서비스에 남겨놓은 흔적들은 물리적 데이터인 동시에 정서적 가치를 갖는 개인의 기억

이기도 하다. 장기간 이용해온 온라인 서비스가 사라질 경우 그곳에 축적해놓은 개인의 '기억'(게시물·댓글·사진·동영상·메일·첨부파일)은 어떻게 보존할 수 있는가.

현재로서는 개인의 노력이 없는 한, 그 기억은 소멸의 운명을 맞게 된다. 인터넷 서비스 사업자는 서비스 종료 이후에도 데이터를 살려놓을 법적 의무가 없다. 정보통신망법에는 관련 규정이 없다. 사업자는 서비스 중단 이전에 종료 공지만 내리면 된다. 공지를 종료 예정 시점으로부터 언제 해야 하는지에 대해서도 구속력 있는 기준이 없다. (중략)

미국에서는 사회적인 영향력이 막강한 인터넷 서비스는 공적 재산으로 만들어야 한다는 주장이 나오기도 했다. (중략) 인터넷 서비스에 축적된 데이터를 보존하고 공익적인 목적으로 활용하는 경우로 트위터의 사례를 참고할 수 있다. 트위터는 2010년 4월 미국 의회도서관과 협정을 체결했다. 트위터 출범 때부터 협정체결일까지, 그러므로 2006년부터 2010년 4월까지 생성된 트위트의 아카이브를 의회도서관에 제공한다는 것이 그 내용이다. (중략)

– 정원식 기자, 경향신문, 2013년 2월 23일자, "'인터넷의 추억' 영영 지워야 한단 말인가" –

위의 〈읽을거리1〉은 대한민국의 디지털 글쓰기의 변화 과정을 단적으로 보여준다. 전화 모뎀으로 연결된 통신망을 사용하던 통신매체 글쓰기에서 웹을 기반으로 한 글쓰기를 거쳐 현재의 다양한 디지털 매체 글쓰기에 이르기까지 대한민국의 디지털 글쓰기는 IT 기술의 성장과 함께 디지털 매체가 다양해지면서 변화의 과정을 함께 겪어 왔다.

나 자신의 정체성을 드러내는 글을 쓰기가 쉽지 않았던 시절에 처음으로 등장했던 통신망을 이용한 디지털 글쓰기는 신선함과 충격 그 자체였다. 사람들은 신문이나 잡지와 같은 매체를 이용하지 않더라도 시공간의 제약을 보다 적게 받으며 자신의 생각을 표현하고 나눌 수 있다는 점에서 소통의 즐거움을 느꼈다. 때문에 이러한 경험을 가진 이들은 현재 이전보다 더 발달된 디지털 매체를 활용해 글쓰기를 하고 있음에도 처음으로 디지털 글쓰기를 했던 기억을 개인의 일생을 구성하는 데서 소중한 부분으로 생각한다. 이러한 점은 디지털 글쓰기가 개인에게 '나' 자신의 정체성을 발견하고 정립하게 하며 타인과 자신의 감성과 사고를 소통하고 공유할 수 있게 함으로써, 개인의 개별적인 경험을 개인의 것에 국한시키는 것이 아니라, 사회 역사의 흐름 속에 개인을 위치시킬 수 있게 하고 있음을 알려 준다.

그렇다면 우리는 그동안 디지털 매체를 활용하여 '나'에 대해 어떻게 사고하고 표현해 왔을까.

한 때 젊은층을 중심으로 싸이월드가 선풍적인 인기를 끈 적이 있다. 싸이월드는 젊은 디지털 세대의 매체 환경이 오프라인에서 온라인으로 급속하게 변화하는 대표적인 사례였다. 싸이월드의 가장 큰 매력은 디지털 환경 안에 자기의 고유한 공간을 창조해내는 데 있었다. 개성적이고 창의적으로 자신을 새롭게 창조하고 표현하는 것, 그것이 싸이월드 '미니홈피'의 가장 큰 강점이자 매력이었다.

미니홈피를 꾸미는 행위는 익명의 사람들에게 보여 줄 자신을 새롭게 재조직하고 창조해내는 일에 다름 아니다. 이 과정에서 '나'는 새롭게 재구성된다. 혹은 새로운 나로 재탄생한다.

그렇다면 미니홈피에서 '나'의 모습은 오프라인과는 달리 어떤 방식으로 재구성·재탄생할까. 미니홈피에서 가장 눈에 띄는 것은 '사진' 혹은 이미지로 자기의 '서사'를 만들어내는 것이다. 시시각각 변모하는 '나'의 심정과 일상을 자유롭게 '사진'이나 '이미지'로 표현하고 자신의 '현재' 혹은 '정체성'을 바꾸거나 쇄신하는 것이 바로 싸이월드의 매력이자 강점이다.

다음의 예문을 살펴보자.

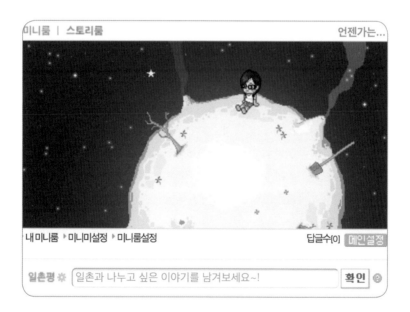

사진'과 '글'의 만남, 여기에서 읽을 수 있는 홈페이지 주인의 현재 모습과 정체성은 주인 스스로가 자기를 들여다보는 관점과 시선에 의해 수시로 변한다. 다시 말해 '나'의 변화하는 현재와 정체성을 새롭게 인식하고 그것을 표명하는 것이 디지털 미디어 환경에서 '이미지'와 '글쓰기'라는 행위를 통해 지속·확장되는 것이다.

위의 예문은 또 다른 미니홈피의 배경화면의 모습이다. 여기에서 읽을 수 있는 홈페이지 주인의 현재 모습과 정체성은 자신의 주변 일상을 둘러보며 이를 메모하는 이로 표현되고 있다. 미니홈피의 배경화면은 홈페이지의 게시되는 주인의 글과 그에 대한 자신의 생각을 압축적으로 표현한 것이다. 때문에 이 미니홈피의 주인은 디지털 공간 속에서 자신과 주변인들의 일상의 소소한 일들을 글쓰기 행위를 통해 드러낸다. 주인은 그림과 '산책'이라는 제목을 통해 다른 이들과 함께 소통하는 글쓰기를 하는 것이다.

'사진'과 '이미지'를 통해 스토리텔링을 하는 것, 이것이 바로 디지털 스토리텔링이다. 그리고 디지털 세대는 자기를 새롭게 디자인하는 디지털 스토리 텔러들이다.

이는 자신을 새롭게 규정하는 차원에만 국한되지 않는다. 자신을 새롭게 재구성한다는 것은 자신만의 창의적이고 개성적인 관점과 시선을 갖는 것이다. 이 관점과 시선은 비단 자신을 바라보는 일에만 머무르는 게 아니라, 세상을 바라보는 태도에도 영향을 준다.

디지털 세대를 '디지털 스토리 텔러'라고 명명하는 이유는 그들이 디지털 환경의 다양한 매체가 선사하는 다양한 사진과 이미지, 이모티콘 등을 활용해 세상을 바라보는 창의적이고 개성적인 관점과 시선을 가지고 이야기를 창출해낼 수 있기 때문이다.

다음의 예문을 통해 우리는 디지털 매체를 활용하여 세상을 바라보는 창의적인 관점과 시선을 가지는 것의 중요성 및 생산성을 가늠해 볼 수 있다.

위의 예문은 '스마트환경사진 공모전'의 포스터다. 정혜승의 '이젠 아프지마'라는 제목의 스마트 환경 사진제 우수작을 배경으로 한 이 포스터는 환경을 '찍는다'에 초점을 맞춰 '스마트폰'이라는 디지털 매체와 '환경'이라는 우리를 둘러싼 세상 그리고 '이야기'라는 서사를 종합한다. 그리고 자신의 참신하고 개성적인 관점으로 세상을 바라보되, 그것을 '디지털 매체'라는 방법을 통해 서사적으로 사고해 볼 것을 권한다.

우리는 스마트폰을 활용하여 수많은 사진을 찍고 그것을 자신의 홈페이지에 올리며 그와 관련된 여러 가지 '서사'를 만들어낸다. 그러나 나만의 관점과 시선이 개성적일 때에야 비로소 나의 일상적 이미지와 서사는 의미를 획득한다.

우리는 세상을 보는 데서 나아가 '찍는다.' 그렇다면 어떻게 찍고 의미화할 것인가. 그것은 자신을 새롭게 재구성하듯이, 세상을 디지털 매체를 활용하여 새롭게 인식하고 그것을 서사화하는 데서 출발해야 한다.

자신의 핸드폰에 저장되어 있는 사진을 통해 나를 구성해보자. 사진첩의 분류 종류와 분류 이유를 설명하고, 각 분류 안에 들어가 있는 사진의 성격을 알려준 후, 각각의 인상적인 사진을 몇 점 선정하여 사진과 관련된 자신의 이야기를 표현해 보자.

예문

사진첩의 분류 항목을 소개해 보자.

– 나의 유럽 여행기(독일/프랑스/스위스)

2. 각각의 작은 사진첩을 만든 이유를 소개해 보자.

– 나라별로 섞여 있으면 정리가 되지 않기 때문이다. 유럽 여행지에서 찍었던 사진과 얽힌 이야기를 기억하고 그 의미를 간직하기 위해서이다.

3. 각각의 작은 사진첩에서 인상적인 사진 1편을 선정해 보자.

4. 인상적 사진과 관련된 자신의 이야기를 몇 개의 단어로 표현해 보자.

– 국경을 넘어 프랑스 스트라스부르에 도착.
– 스트라스부르는 독일과 프랑스의 접경지역. 과거에 독일 영토였기 때문에 독일식 건축양식으로 지어진 건물이 많이 남아 있음.
– 구시가에는 중세의 건물들이 잘 보존. 특히 구시가 중심에 있는 노트르담 대성당은 매우 높은 높이와 웅장한 크기. 성당 외벽이나 성당 내부에 남겨진 세밀한 조각상이 매우 경이로움.

*위의 예문을 활용하여 자신의 사진첩을 정리하고 표현해 보자.

사진첩의 분류 항목을 소개해보자	각각의 작은 사진첩을 만든 이유를 소개해보자	각각의 작은 사진첩에서 인상적인 사진 1편을 선정해보자	인상적 사진과 관련된 자신의 이야기를 몇 개의 문장으로 표현해보자

〈연습문제 1〉에서 선택한 인상적인 사진들 가운데 1편을 골라서 그와 관련된 자신의 이야기를 표현해보자.

1. 선택한 사진에 대한 설명

2. 사진 선정 이유

3. 사진의 핵심어

4. 사진의 제목

5. 사진에 얽힌 자신의 이야기

스마트폰으로 나의 일상 중에서 가장 의미 있는 사건을 찍었다면 그것을 활용하여 하루 동안 일어난 나의 사건을 의미 있는 '서사'로 완성해 보자.

예문

〈사진 1〉 리조트의 아름다운 설경　　　〈사진 2〉 아프지 마 아가야

　　설을 맞이하여 가족들이 함께 제천 근처의 리조트로 1박2일 여행을 떠났다.

　　가는 길에 눈이 오기 시작하더니 리조트에 도착한 후에는 눈발이 굵어져서 주변이 온통 설경으로 변했다. 사진1은 숙소에서 내려다본 리조트의 설경이다. 숙소가 고지대 계곡에 자리잡고 있어서 밖을 내다보니 아래로 산중턱을 에워싼 자욱한 안개가 펼쳐진 걸 볼 수 있었다. 자욱하게 낀 아련한 안개 속에 펼쳐진 설경은 마치 동양화의 한 폭처럼 느껴졌다. 잠시 일상을 벗어나 풍경이 아름다운 곳으로 여행을 떠나는 일이 얼마나 마음의 안식과 평화를 가져다 주는지 새삼 깨닫게 되는 순간이었다.

　　하지만 아름다운 풍경에도 불구하고, 세 살배기 막내 조카가 토하고 아파서 모든 가족들의 마음을 아프게 했다. 아무것도 먹지 못하고 이튿날 아침에도 보리차만 마시면서 기운 없이 잠들어 있는 아기의 모습을 보니 너무 안쓰러웠다. 푹 잠을 잔 후 오후에는 괜찮아졌지만, 리조트에서 아기가 아프자, 연휴인 데다가 눈 속을 뚫고 병원을 찾아갈 엄두도 못 낸 채 그저 낫기만을 기다려야 해서 마음이 너무 착잡했다. 리조트 여행에서 가장 마음 아픈 순간이었지만, 그래도 잘 견디고 나아줘서 고맙다.

　　조카야, 아프지 말고 건강하고 씩씩하게 잘 자라렴!

　　그래서 다음에 여행갈 때는 우리 가족 모두 더욱 즐겁게 놀자.

위의 글 필자는 리조트에 가서 경험한 것 중 가장 인상적인 장면을 사진으로 남겼다. 그리고 사진에 얽힌 이야기를 통해서 그 당시의 감정과 상황 등을 담담하게 전한다. 사진만 보면 휴양지에 갔다는 사실 외에 특별히 발견할 수 있는 것이 없다. 혹은 휴양지에 간 사진인지 아닌지 알지 못할 수도 있다. 그러나 사진에 얽힌 이야기를 제시함으로써 사진은 단순히 사실만을 전하는 단순한 자료에서 벗어나 풍부한 이야기를 담고 있는 서사의 한 부분이 된다.

최근 우리가 사용하는 스마트폰의 다양한 기능 중에는 '사진 찍기' 기능이 있다. 예전에는 단순히 사진을 찍는 것에만 중점을 두었지만, 요즘에는 사진을 편집하고 디자인하는 기능까지 갖추고 있어 사람들이 굳이 전문적인 카메라를 갖지 않고서도 언제 어디서든지 사진을 찍어 편집과 디자인을 한 후, 사람들과 공유할 수 있게 되었다.

이토록 편리해진 시대, 스마트폰에 담겨 있는 수십장 내지 수백장의 사진들을 단순히 모아 놓을 것이 아니라, 그것에 얽힌 다양한 이야기를 써 보자. 그것을 통해 사진은 단순히 과거의 경험을 증명하는 사실적 자료로서만이 아니라, 경험의 풍부한 이야기가 담긴 하나의 의미 있는 사건으로 만들어 준다.

선택한 사진과 관련된 다양한 이야기를 만들어 보자.

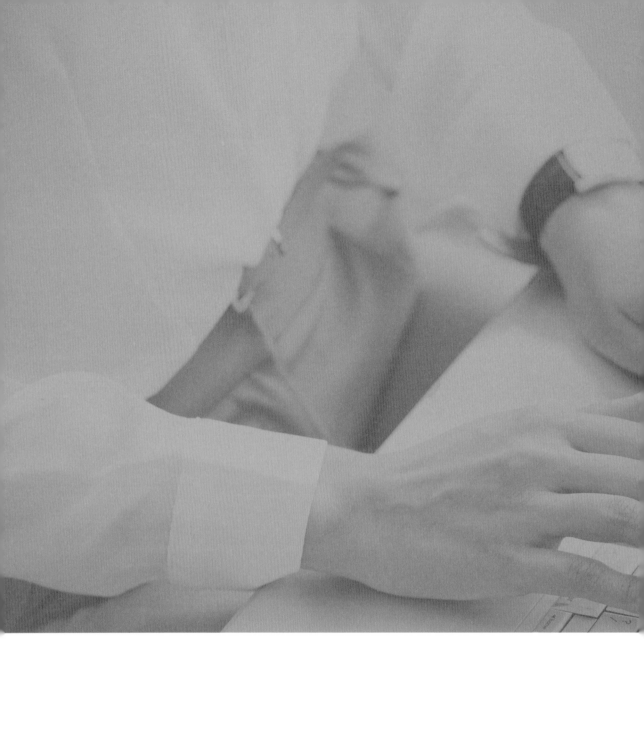

02

텍스트 읽기와 말하기를 통한
글쓰기의 이해

2. 텍스트 읽기와 말하기를 통한 글쓰기의 이해

여기서는 디지털 매체 환경 안에서 우리가 세상과 창의적으로 소통하는 글쓰기를 할 때 필요한 기본적인 방법과 절차에 대해 알아보자. 글쓰기의 기본 방법과 절차는 다양한 디지털 매체 환경 안에서 이루어지는 글쓰기의 중요한 요건이 된다는 점을 명심하자.

자신의 생각을 효과적으로 드러내는 글쓰기를 하기 위해서는 널리 알려진 것처럼 다른 이의 글을 많이 읽고, 많은 생각을 해 보고, 직접 많이 써 보는 과정이 필요하다. 이는 디지털 매체를 활용한 글쓰기에서도 예외는 아니다. 디지털 공간 속 글쓰기는 쌍방향의 소통을 전제로 이루어진다. 때문에 내가 쓰는 글뿐만 아니라 다른 이들이 적은 글들을 읽고 정확하게 이해할 수 있어야 한다. 또한 디지털 매체를 활용해 디지털 공간 속에 글을 쓸 때에도 글쓰기의 기본 원리를 바탕으로 해야 한다. 글쓰기의 원리를 충분히 이해하고 있을 때에 비로소 디지털 공간의 특징에 따라 글쓰기를 보다 전략적으로 구사할 수 있기 때문이다.

이번 장에서는 글쓰기의 원리와 다른 이의 글을 효과적으로 읽는 방법을 함께 살펴보자.

1) 텍스트의 제목과 주제에 맞게 쓰기

디지털 매체 환경의 다양한 글을 분석하거나 쓸 때 기본 요소가 되는 제목과 주제의 연관성 찾기에 대해 자세히 알아보자.

인터넷을 비롯한 디지털 공간에서는 수많은 글이 유통된다. 이 중에는 검증되지 않은 정보들도 포함되어 있다. 이러한 정보들은 보는 이들의 사고와 행동에 부정적인 영향을 줄 우려가 높다. 따라서 디지털 세상에서는 유익한 정보를 올바르게 인식하고 판단하는 능력이 더욱 요청된다.

그렇다면 이는 어떻게 가능한가. 다음이나 네이버 등의 거대 포털 사이트를 여는 순간 우리 눈을 가득 채우는 것은 바로 수많은 제목들이다. 이것을 클릭하면 그와 관련된 기사 내용을 확인할 수 있다. 디지털 세계에서 우리를 안내하는 이정표와 같은 것이 바로 제목인 것이다. 그러므로 제목과 해당되는 기사의 주제 및 내용을 지혜롭게 선택하고 수많은 정보들로부터 필요한 것들을 취사선택하는 안목이 매우 중요해졌다.

텍스트의 제목과 주제의 연관성을 파악하는 능력이 필요한 것도 이 때문이다.

> 제목과 주제 및 내용의 연관성을 파악하는 능력은 인터넷과 같은 디지털 공간에서 우리가 유용한 정보를 취사선택하고 평가하는 안목을 기르는 데 많은 도움을 준다.

다음의 예문은 "한국은 삼성과 기술의 나라"라는 제목으로 인터넷에 게시된 기사이다. 이를 통해 인터넷에 게재된 수많은 제목들과 관련 내용들이 과연 유기적으로 연결되어 있는지 살펴보자.

선진국 국민 절반 "한국은 삼성과 기술의 나라"
무협 설문조사…대표적인 이미지로는 경제발전·역사 꼽혀

선진국 국민의 절반은 현재 한국의 얼굴로 글로벌 기업 '삼성'과 '하이테크 기술'을 꼽았다.

23일 한국무역협회 국제무역연구원에 따르면 국내·외 거주 유럽인 248명을 설문조사한 결과 '지금 한국에 대해 생각나는 게 무엇이냐'는 질문에 30.2%가 '삼성'을, 29.4%가 하이테크 기술을 언급했다. 정보통신 강국(18.1%)이라는 응답도 꽤 있었다.

미국 · 캐나다가 포함된 북미지역(202명)에서는 하이테크 기술(33.7%)을 꼽은 사람이 가장 많았고 삼성(18.8%), 정보통신 강국(9.9%) 등의 순으로 나타났다.

한국을 대표하는 이미지로는 유럽인이 급속한 경제발전(34.3%)과 깊은 역사(29.4%) 순으로 응답한 반면에 북미지역 시민은 깊은 역사(40.1%)를 가장 많이 언급했고 경제발전(23.8%)을 그 다음으로 꼽았다. 특히 많은 미국인은 한국을 '5천년의 유구한 역사를 가진 국가'로 인식하고 있었고 높은 학구열과 문화수준에 대한 관심도 컸다.(중략)

한국사회의 장점으로는 '단결심'이, 단점으로는 '과잉경쟁'이 두 지역에서 공통으로 가장 많이 언급됐다. 하지만 단결심이 한국인의 폐쇄적인 성향으로 연결되고 단일민족이라는 자부심 역시 '선민의식'을 연상시킨다는 지적도 일부 나왔다.(중략)

– 전성훈 기자, 연합뉴스, 2014일자 4월 23일자, "선진국 절반 '한국은 삼성과 기술의 나라'" –

위의 〈읽을거리1〉 제목만 보면 선진국 국민들이 한국을 '삼성'과 '기술'의 나라라고 인식한다고 생각할 수 있다. 그러나 실제로 기사의 내용을 보면 한국의 대표적인 이미지는 '삼성'과 '기술'뿐만 아니라 유구한 '역사'라는 세 가지 요소에서 형성된다. 기사의 제목에서는 내세우지 않았던 '역사'라는 문화적 가치의 중요성을 기사 내용을 통해서 알 수 있는 것이다.

그렇다면 이 기사의 제목은 내용이나 주제와의 연관성을 충분히 제시했다고 보기에는 미흡하다. '삼성과 기술'의 나라에 그치지 않고 오랜 '역사'를 보유한 한국의 이미지를 부각시킬 수 있는 제목을 게시했다면 이를 읽는 우리의 태도와 사고 또한 달라졌을 것이다. 이렇듯 텍스트의 제목과 관련 내용 및 주제는 유기적 연관성 속에서 총체성을 확보해야 한다.

이러한 점에서 다음의 예문은 텍스트의 제목과 내용의 유기적 연관성을 잘 보여 준다.

[사설] '재등교' 단원고 학생·교사 치유에 범사회적 지원을

학교는 단순히 교과 지식을 가르치고 배우는 공간이 아니다. 아이들은 이곳에서 제 또래들과 사귀고, 서로 아끼며 사랑하는 과정을 통해 인격적으로도 성숙해진다. 또한 교사와 학생은 지식의 전수라는 차원을 훌쩍 뛰어넘는 인간적 교감과 정서적 유대로 묶이면서 소중한 관계를 맺는다. 학교를 사설학원과 달리 공동체라고 부르는 까닭도 바로 이 때문일 터이다. 그런데 학생과 교사로 이뤄진 이 공동체 구성원 250여명이 청천벽력과도 같은 사고로 목숨을 잃거나 실종되는 미증유의 참사가 발생했다. 세월호 참사로 형언할 수 없는 슬픔을 겪고 있는 안산 단원고가 바로 그곳이다.

사고 직후 휴교에 들어갔던 단원고가 내일부터 1·3학년 수업을 단계적으로 재개하는 등 학교정상화에 나선다고 한다. 아직 충격 속에 빠져 있는 재학생과 교사들의 고통을 감안할 때 성급하다는 생각도 들지만 1·3학년 학생들을 마냥 그대로 둘 수는 없다는 점에서 불가피한 측면도 있다고 본다. 아무쪼록 재등교가 이뤄지는 만큼 학교 구성원들이 조속히 심리적 안정을 되찾아 공동체가 복원될 수 있도록 당국과 시민사회가 한뜻이 되어 범사회적 지원에 나서야 한다.

무엇보다 시급하고 중요한 것은 재학생과 교사들의 심리적 치유를 서두르는 일이다. 매일 얼굴을 맞대던 선생님과 친구들을 한꺼번에 잃어버린 이들이 겪고 있을 정신적 외상(트라우마)의 크기와 깊이는 가늠조차 하기 어렵다. 사고 직후부터 지금까지 매일 제자들의 주검을 확인했던 교사들, 친한 선후배들을 잃어버려 등교 자체를 겁내는 재학생들을 치유하는 일이 쉽지만은 않을 것이다. 그럼에도 불구하고 이들의 상처를 보듬고 낫게 하는 일에 최우선적인 지원과 배려가 있어야 한다. 구조된 2학년 학생들의 경우 병원에서 수업을 받는 방안이 검토되고 있다는 말도 들린다. 그러나 가장 직접적인 충격을 받은 이 아이들에게 당장 교과수업을 실시할 필요가 있을까 싶다. 의료기관이나 상담전문기관 등에서 충분히 심리치료를 받은 뒤 수업을 해도 늦지는 않을 것이다. 사망·실종된 교사 12명을 신속히 충원하고, 사고현장과 장례식장에서 부모들과 함께 울부짖느라 탈진해버린 교사들에게는 적정한 휴식을 준 뒤 학교에 복귀토록 해야 한다.

한국 사회는 안산 단원고라는 평화로운 학교공동체를 파괴하고 유린하는 죄를 저질렀다. 이 엄청난 허물을 조금이라도 씻는 방법은 이 공동체의 남아 있는 구성원들을 지속적으로 보살피고 지원하는 일에 모든 역량과 지혜를 동원하는 것이다. 단원고의 깊은 상처가 하루빨리 치유되기를 간절히 기원한다.

– 『경향신문』, 2014년 4월 23일자, "[사설] 재등교 단원고 학생·교사 치유에 범사회적 지원을" –

이 시대 '힐링' 대중문화의 겉과 속

피로사회와 사이비 힐링의 범람

출간되자마자 독일 철학계에 큰 반향을 일으킨 책 『피로사회』(2012)에서 한병철은 21세기 현재를 과잉 긍정성이 가져온 성과 지상주의의 '피로사회'라고 진단하였다. 피로사회에서 인간은 쉴 틈도 없이 성과를 이끌어내기 위해 분투하면서 자기 영혼을 갉아 먹는다. 우울증, 주의력결핍과잉행동장애, 소진증후군 등의 신경증은 바로 이러한 피로 사회의 결과물이다. 이러한 증상은 귀에 매우 익숙하다. 흔히 우리 주변에서도 쉽게 찾아볼 수 있는 것들이기 때문이다. '피로사회'가 나름의 설득력과 공감을 형성할 수 있는 지점도 여기에 있을 것이다.

피로사회의 부작용을 해결하기 위해 요구되는 것이 바로 '치유' 행위다. 『피로사회』에서도 '상처를 아물게 하는 피로', 즉 '치유적 피로'를 대안으로 언급했다. 성과를 이루어내기 위해 자신마저 상실하는 자아가 아니라 새롭게 세계와 자아의 만남을 가능케 하는 게 바로 상처를 아물게 하는 피로, 치유적 피로의 핵심이다. 어쨌든 '치유'는 피로사회에서 요구되는 가장 핵심적인 덕목임에 틀림 없다.

이를 증명하듯 오늘날 사회 곳곳에서 '힐링'이란 수식어가 넘쳐나고 있다. '웰빙'이 한동안 사회의 문화적 트렌드로 군림하는가 싶더니 어느샌가 '힐링'이란 말이 사회 각 영역으로 빠르게 확산되어 나가는 형국이다. 특히 대중문화는 '힐링'을 여타 사회 분야보다 재빠르게 포착하여 이를 상업적으로 활용하고 있는 것처럼 보인다. 최근 인기를 모으고 있는 한 TV 토크쇼는 아예 '힐링'을 메인 테마로 삼고 있다. 우연한 기회에 그 토크쇼를 접하게 된 나는 특정한 주제 의식 없이 연예인의 신변잡기를 훑는 다른 토크쇼와의 차이점에 이끌려 몇 번 시청하게 되었다. 그 와중에 발견한 것은 두 가지이다. 진행자와 게스트의 관계가 심리상담가와 환자의 관계로 치환되고 있다는 점과 반드시 게스트의 숨겨왔던 사생활의 비밀을 눈물로 고백하는 장면을 동반한다는 게 그것이다.

그런데 이 과정에서 과연 '힐링'의 진정성이 얼마나 드러나고 시청자들에게 공감을 불러일으키는지 의문이 생겼다. 일정하게 패턴화된 토크쇼 진행 방식 속에서 '힐링'은 그저 형식과 겉치레에 불과해 보였다. 조금만 들여다 보면 연예인들의 감추고 싶은 사생활을 눈물겹게 고백하고 시청자들의 흥미와 관심을 유발하는 여타의 토크쇼와 다른 부분을 찾기 어렵지 않은가.

요즘 TV 토크쇼에서는 게스트들의 결혼과 이혼 혹은 자살 기도와 우울증 등의 사생활의 어두운 그늘을 화제로 삼는 경우가 예전보다 증가했다. 물론 여기에는 사회의 개방적인 분위기도 한몫 했을 것이다.

그러나 무엇보다 '힐링'이 사회적 트렌드가 된 현실과도 밀접한 관련이 있는 것 같다. 사생활의 비밀과 아픈 그늘을 거침 없이 고백함으로써 그 고백 자체를 통해 상업적 이득과 상처의 치유라는 두 마리 토끼를 잡을 수 있다는 어떤 착각이 대중문화 전반에 깔려 있는 인식은 아닐지 고민해야 한다. 고백과 진술 자체가 가진 치유의 능력은 어느 정도 인정한다. 그러나 중요한 것은 고백과 진술이 자아와 세계가 맺는 유기적 관계로 확장되지 않는다면 그 고백과 진술은 그저 한낱 신세한탄과 푸념의 일시적 감정 분출에 불과하게 된다는 것이다.

진정한 '힐링'이란 무엇인가를 진지하게 성찰해야 할 지점도 바로 여기에 있다.

힐링과 대중문화, 사회 부조리에 대한 냉엄한 응시

얼마 전 모 TV 채널에서는 21세기의 새로운 리더로 대표되는 세계의 저명인사들을 집중적으로 조명하는 프로그램을 방영했다. 거기서 다룬 인사들 중 한 명이 바로 오프라 윈프리다. 그녀는 1990년대까지 TV 토크쇼 진행자로서 인기를 모았지만 2000년 이후에는 세계적인 영향력을 가진 여성 리더이자 미국의 영적 지도자로 추앙받기에 이른다. 그녀의 성공 비결은 '치유의 능력'에서 찾을 수 있다. 토크쇼를 진행하면서 게스트의 감추고 싶은 비밀과 아픔을 이끌어내는 그녀 특유의 능력은 자신을 먼저 보여 주면서 '공감'하는 태도에서 비롯되었다. 토크쇼 진행 와중에 게스트와 대화하며 자신의 성폭행 경험을 용감하게 보여 주었던 오프라 윈프리. 이를 계기로 미국의 성폭행 피해자를 위해 헌신하고 법의 제정에까지 힘쓰며 사회적 지도자로서 국민 전체를 힐링한 능력이야말로 현재 그녀가 미국의 '영적 지도자'로 자리매김하는 데 큰 역할을 했다. 'TV 토크쇼 진행자'와 '영적 지도자'의 거리는 언뜻 매우 먼 것처럼 보여도 이렇게 가까울 수 있다는 것을 오프라 윈프리는 몸소 보여 주었다.

진정한 힐링은 값싼 눈물의 고백과 감정의 분출을 유도하는 데서 비롯되는 게 아니다. 오프라 윈프리가 자신의 성폭행 경험을 당당히 드러내고 비슷한 처지의 게스트와 시청자들과 공감했다는 사실에 주목해야 한다. 고립된 자아의 고백만으로는 문제의 본질을 꿰뚫을 수 없다. 나는 나를 둘러싼 타자와 세계와의 관계 속에서 소통함으로써 비로소 문제의 핵심을 간파하고 공감하면서 진정한 힐링에 다다를 수 있다. 오프라 윈프리의 사회적 문제에의 관심과 실천 행위는 힐링의 과정에서 요구되는 가장 중요한 행위, 즉 내게 상처와 아픔을 준 타자와 세계의 문제를 냉엄하게 직시하는 행위에 다름 아니었다. 이 행위를 통해 부조리한 사회 문제를 해결함으로써 근본적인 치유가 가능해지고 좀더 행복한 미래를 꿈꿀 수 있게 된다.

얼마 전 영화 〈레미제라블〉이 개봉되어 세계적으로 큰 흥행을 했다. 작품성과 오락성을 인정받으면서 아카데미와 골든 글로브에서 상을 휩쓴 이 영화에 공감하면서 관객들은 '힐링'이라는 수식어를 붙였다. 이는 당시의 부조리한 계급 사회에서 일개 범죄자에 불과했던 장발장이 가난하고 비참한 자들의 아버지로서 보여 준 초인적 관용과 희생 정신에 관객들이 공감했기 때문이다.

21세기 글로벌 경제 위기와 신자유주의의 커다란 파고 속에서 사회적 양극화가 일반 대중의 삶을 점점 더 피로하게 만들고 있다. 프랑스혁명 후의 장발장의 시대와 현재의 글로벌 경제 위기 시대 모두 대중의 삶을 힘겹게 하기는 마찬가지이다. 대중은 장발장의 가난한 자들에 대한 희생정신과 관용을 통해 이 현실의 고단함과 피로를 잠시 잊고 위로받을 수 있다.

장발장은 비록 소설과 영화 속에 존재하는 가상의 인물이지만, 그의 삶은 대중에게 호소할 만한 위대한 공감능력을 보여 준다. 이는 19년의 억울한 옥살이를 한 장발장 역시 판틴이나 코제트와 같은 가난하고 불쌍한 사람들 중의 하나라는 데서 비롯되는 공감이다.

당대 만연했던 사회적 부조리에 당당히 맞서며 불쌍하고 가난한 자들의 수호자가 된 장발장을 몇백 년이 지난 21세기의 현재로 우리가 다시 호출하는 이유는 바로 그가 보여준 진정한 힐링의 능력 때문이 아닐까 생각해 본다.

– 한영현, 「이 시대 '힐링' 대중문화의 겉과 속」, 『POSTMODERN』 창간호, 2013년 3월 –

위의 〈읽을거리 2〉는 인터넷에 게시된 신문 사설이다. 우리가 하루에도 수십 번 무심코 읽는 여러 기사들 중의 하나인 이 사설은 '사회적인 차원'에서 세월호 침몰사건을 통해 깨닫고 실천해야 할 과제를 구체적으로 제시한다. 세월호의 침몰로 인해 와해된 학교 공동체의 붕괴와 사후 대책에 초점을 맞추고 있는 내용은 제목을 통해서도 충분히 짐작할 수 있다. 실제로 살아남은 교사와 학생을 위한 '치유'와 '사회적 지원'은 사설의 내용에서도 구체적으로 제시된다.

〈읽을거리 3〉은 신문의 사설과는 달리 시사적인 문제보다는 '대중문화'에 초점을 맞추고 있는 대중문화 비평문이다. 필자는 우리가 일상적으로 접하는 TV 프로그램 중에서 '힐링'을 내세운 오락 프로그램들이 사실 매우 문제적인 지점을 드러낼 수 있다는 점을 부각시키고 있다. 여기에서 필자는 글 전체의 제목을 '이 시대 '힐링' 대중문화의 겉과 속'으로 정한 후 내용의 소제목을 다시 한 번 두 가지로 구분하여 제시했다. '피로사회와 사이비 힐링의 범람', '힐링과 대중문화, 사회 부조리에 대한 냉엄한 응시'라는 제목이 그것이다. 앞 부분의 소제목 하에서는 피로사회를 분석한 유명한 철학자의 글로 시작하여 이러한 시대에 힐링이 어떻게 범람하고 있는지 그 현상을 구체적으로 분석했다. '소제목'과 내용이 적절하게 부합된다. 다음으로 '힐링'이라는 것이 단순히 눈물로 호소하는 감정 과잉에서 비롯되는 게 아니라, 아픈 자들의 마음을 위로하고 평안을 가져다 주는 데 있다는 점을 드러내며 두 번째의 소제목에 대한 내용을 전개했다. 소제목에 제시된 '힐링'이라는 수식어는 대중문화와 사회 부조리에 대해 냉엄하게 응시하고 그것을 파헤치는 중요한 수단이 된다.

이렇듯, 우리가 흔히 인터넷이나 SNS에서 마주하는 여러 대중문화 및 사회 현상을 바라보고 비평하는 위의 글들은 '제목'과 '내용의 유기적 연관성' 속에서 가치를 획득할 수 있음을 알아야 한다.

이러한 제목과 내용의 유기적인 연관 관계를 통해 우리는 인터넷 등의 디지털 공간에서 유통되는 다양한 정보들의 질과 수준을 평가하고 유용한 것들을 취사선택하는 능력을 함양할 수 있는 것이다.

그렇다면 주제에 맞는 제목을 어떻게 만들어야 할까. 한 편의 글에서 얼굴과도 같은 역할을 하는 제목은 중요하다. 글의 내용을 포괄하는 동시에 핵심을 담아내고 있는 것이 바로 제목이기 때문이다.

따라서 제목은 글의 주제를 잘 표현해줄 만한 핵심어를 사용해 만들어야 한다. 또한 글의 중심 생각을 담아낸다고 하더라도 글의 성격과 글을 읽을 대상에 대한 고려를 해야 한다. 시사문제에 대한 관심을 표현하고 글을 읽을 대상이 그 문제에 관한 진지한 고민을 나누기를 원하는 이들이라면 제목의 표현에서 문제의식을 명확하고 진지하게 보여줄 수 있어야 한다. 반면 자신의 일상을 즐거운 감정을 담아 표현한 글로 읽을 대상이 또래의 친구들이라면 제목의 표현은 재기발랄한 감정언어들로 표현되어도 될 것이다.

이와 함께 디지털 세상에서는 주제에 맞는 제목을 만들되 독자들과의 '쌍방향 소통'에 주목할 필요가 있다. '쌍방향 소통'의 원리는 우리가 '주제'에 맞는 '제목'을 정하는 일을 좀더 창의적으로 수행하는 방법이 될 수 있기 때문이다.

다음의 예를 통해 이를 알아보자.

방송인 김나영, 이번에 작가로 변신 '마음에 들어'

방송인 김나영의 에세이 '마음에 들어'가 출판시장에 활력을 불어넣고 있다. 방송인 김나영의 스타일링 노하우, 건강관리, 일상의 소소한 이야기를 솔직 담백하게 풀어놓은 에세이집 '마음에 들어'는 출간 5일 만에 교보문고 에세이 분야 13위권(온라인 일간 집계순위)에 진입했다. 별다른 쇼케이스나 출간설명회 없이 판매에 들어간 '마음에 들어'는 입소문만으로 판매순위 11위로 집계(1월9일 기준)됐으며, 초판본이 전량 소진돼 재판 인쇄에 들어간 상태다.

특히 김나영의 '마음에 들어'는 보통의 출판물과 달리 온라인 사진 공유 네트워킹 서비스인 인스타그램에서 폭발적인 관심을 받고 있다. MBC '무한도전'에서 박명수가 건넸던 멘트에서 착안한 '거지꼴을 못 면해도 좋아'와 '마음에 들어' 중 책 제목을 결정하지 못했던 김나영이 인스타그램에 두 개의 제목을 게시한 후 투표를 받았고, 3시간 동안 진행된 투표에 5000명 가까운 유저들이 다양한 의견을 제시하며 높은 관심을 표한 것. 이후에도 김나영은 책표지 디자인, 서점 진열상태, 틀린 글자 찾기에 대한 의견을 실시간으로 공유해 다양한 피드백을 나누며 출판분야의 새로운 문화를 형성했다. (중략)

– 경향신문 디지털뉴스팀, 2014년 2월 10일자, "방송인 김나영, 이번에 작가로 변신 '마음에 들어'" –

위의 〈읽을거리4〉는 한 편의 글에서 제목이 차지하는 중요성을 단적으로 보여주는 기사이다. 동시에 이처럼 중요한 제목을 작가가 일방적으로 정하는 것이 아니라 디지털 공간을 활용해 이 책을 읽을 예상의 독자들과 함께 정함으로써 소통하는 글쓰기의 과정을 단적으로 보여준다.

일상에서 느낀 소소한 감정들과 평소 패션에 대해 지니고 있던 생각을 담아낸 글들을 엮은 이 책의 제목 후보로 오른 2개는 '거지꼴을 못 면해도 좋아'와 '마음에 들어'이다. 두 개의 제목 모두 자신의 생각을 당당하게 펼쳐나가는 것에 방점을 두어 글의 내용을 잘 담아내고 있다. '거지꼴을 못 면해도 좋아'가 솔직하고 직설적인 방식으로 삶과 패션에 대해 자신의 개성을 살릴 것을 드러낸다면, '마음에 들어'는 보다 순화된 표현을 통해 이를 효과적으로 드러낸다.

기사에서 언급된 것과 같이 이 책에는 네티즌의 의견이 제목 선정 뿐 아니라 표지 디자인의 고려나 어법의 오류 수정에도 반영되었다. 이러한 과정을 통해 만들어진 책은 작가의 책인 동시에 이 과정에 참여한 사람들의 글일 수 있음을 보여준다.

독자들과의 활발한 소통은 나의 '주제'를 두고 독자와 함께 '제목'을 만들어 보는 흥미진진한 '놀이'로 변화된다. 생산적 창의성은 나만의 생각에서 비롯되는 게 아니다. 나의 '주제'를 이해하고 공감하는 다양한 사람들과의 소통 행위를 통해 적절한 '제목' 만들기가 가능해지는 것이다. 이를 통해 '제목'과 '주제'의 연관성을 다음의 두 가지 측면에서 정리해

볼 수 있다.

첫째, 디지털 세상에서는 '주제'와 '제목'의 유기적 연관성 하에서 유용한 정보를 선별하거나 주어진 글의 내용을 좀더 명확하게 파악할 수 있다.
둘째, '주제'와 '제목'의 연관성은 디지털 세상에서 이루어지는 '쌍방향 소통'을 통해 창의적으로 구상될 수 있다.

디지털 매체 공간에는 수많은 글들이 게시된다. 이러한 글들 가운데 독자가 읽을 글을 선택하는 기준은 글 게시자가 누구인지, 글이 실린 게시 공간이 어느 곳인지, 게시 글의 제목이 무엇인지 등등 다양하다. 이중에서도 제목은 글의 전체 인상을 드러내는 것이라는 점에서 독자들이 읽을 글을 선택하는 데 있어 결정적인 요소가 된다. 디지털 공간 안에 게시된 글은 게시만으로는 타인과의 쌍방향 소통이 이루어진다고 말하기 어렵다. 게시된 글을 읽는 독자가 있고, 더 나아가 적극적으로 게시된 글에 의사를 표현하는 독자가 있을 때에야 비로소 게시 글은 쌍방향 소통을 가능하게 한다고 할 수 있다. 따라서 게시된 글이 수많은 글들 사이에서 읽고 싶은 글로 선택받게 하기 위해서는 제목을 적절하게 선정할 필요가 있다. 즉, 제목은 글 전체의 주제가 선명하게 드러나고 전체 글의 내용과 유기적으로 연결되며 글의 내용을 압축적, 효과적으로 보여주는 것으로 만들도록 한다.

그런데 디지털 매체를 기반으로 한 게시글의 내용과 제목 작성은 디지털 공간에서 이루어진다는 특성으로 인해 창의적으로 구상되고 수정되며 점점 완성되어 갈 수도 있다. 디지털 공간에서 이루어지는 글쓰기 행위는 쌍방향 소통이 가능하다는 특성으로 인해 글의 주제나 제목이 일방향으로 고정되기보다는 소통의 과정을 거쳐 수정될 가능성을 갖기 때문이다. 즉 게시글을 처음 작성한 이가 주제와 제목에 대한 아이디어를 열린 상태로 제안한다면, 이에 대해 다른 이들이 자신의 의사를 표명해 주제와 제목이 보다 유기적으로 연관되고, 신선한 발상으로 창의적 인상을 주는 제목을 만들 수 있는 가능성이 디지털 매체 글쓰기에서는 가능하다.

연습문제 1

최근 1주일 동안 게시된 인터넷 뉴스 기사 가운데 제목이 적절하게 지어졌다고 생각되는 기사 1편과 부적절하게 지어졌다고 생각되는 기사 1편을 선정해 기사와 선정 이유를 소개해보자.

1. 제목 선정이 적절한 기사

  1) 기사명

  2) 기사의 내용을 요약해 소개해보자.

3) 어떤 점에서 기사 제목과 내용이 잘 부합된다고 생각하는가?

2. 제목 선정이 부적절한 기사

1) 기사명

2) 기사의 내용을 요약해 소개해보자.

3) 어떤 점에서 기사 제목과 내용이 잘 부합되지 못한다고 생각하는가?

다음에 제시된 만평을 보고 내용에 맞는 적절한 제목과 주제를 말해 보자. 그리고 제목과 주제를 생각한 이유를 말해 보자.

– 서민호, 국민일보, 2014년 8월 11일자, "국민만평" –

1. 이 만평이 전달하고자 하는 이야기가 무엇인지 적어보자.

디지털 세대를 위한 창의적 구상과 소통의 글쓰기

2. 이 만평에 적절한 제목을 만들어보자.

3. 이 만평의 적절한 주제를 적어보자.

4. 만평의 제목과 주제를 선정한 이유를 이야기해보자.

만약 웹툰의 작가라면 어떤 주제와 제목으로 웹툰을 만들어보고 싶은지 창의적으로 구상하여 이에 관한 아이디어를 짧은 글로 만들어보자.

1. 선택하고 싶은 주제를 이야기해보자.

2. 주제에 어울릴만한 적절한 제목 선정해보자.

3. 주제와 제목에 부합하는 예상 줄거리를 만들어보자.

2) 텍스트를 문단 중심으로 분할하기

디지털 환경의 다양한 글을 내용과 형식에 맞게 논리적이고 체계적으로 파악하고 쓰는 방법에 대해 알아보자.

앞서 제목의 중요성을 살펴보았다. 이번 장에서는 글의 내용을 이루는 문단에 대해 알아보자. 제목이 글의 얼굴이라면 문단은 작은 생각의 덩어리라 할 수 있다. 하나의 글이 한 개의 주제를 담고 있을 때, 하나의 글을 이루게 해주는 문단은 각각의 소주제문을 담고 있다.

따라서 다른 이의 글을 보다 효과적으로 읽고자 한다면 문단에 주목할 필요가 있다. 한 편의 글이 몇 개의 문단으로 이루어지고 있는지, 각각의 문단의 중심 생각은 무엇인지, 각각의 문단이 배치된 방식은 무엇인지, 그리고 각 문단의 중심 생각은 글 전체의 주제와 유기적으로 연결되어 있는지를 파악해야 한다.

이처럼 문단을 통해 글을 파악하는 것은 다른 이의 글을 보다 잘 이해할 수 있게 해주는 동시에 내가 글을 쓸 때에 문단을 구성하는 방식을 역으로 생각해 볼 수 있게 한다. 문단을 통해 조직적으로 글을 구성하는 방법에 대해 알 수 있기 때문이다.

> 문단은 의미를 가진 내용들의 묶음을 말한다. 이러한 의미 단위의 문단이 모여 한 편의 글을 형성한다. 그러므로 글 전체의 의미를 충분히 이해하고 파악하기 위해서는 의미 단위로 묶인 각 문단의 핵심 내용을 파악하는 것이 필요하다.

글을 전체적으로 가볍게 훑거나 제목만으로 내용을 짐작하는 것과 달리, 짧은 글이라도 제목과 내용의 연관성 및 내용 문단을 꼼꼼히 분석하고 이해할 때 필자가 말하고자 하는 바의 구체적인 내용을 파악할 수 있다.

짧은 단문과 요약식 대화 및 수많은 정보들에 둘러싸여 있는 디지털 세대에게 글을 문단으로 쪼개고 분석하여 의미를 파악하는 능력은 매우 필요하다. 이는 텍스트를 읽는 능력에만 국한되는 게 아니다. 스스로 텍스트를 조직하고 구성하여 한 편의 글을 완성하는 쓰기 능력을 함양하는 데에도 이러한 텍스트의 문단 중심 분할 능력과 읽기 능력은 전제되어야 하기 때문이다.

다음의 예문을 통해 이를 살펴보자.

낯선 것을 통해 본질을 통찰하라

"낯선 것과의 조우를 통해 이성이 시작된다."

이는 독일 철학자 하이데거(Martin Heidegger)의 말인데, 가히 '생각'의 본질을 관통하는 선언이다. 우리는 익숙한 것들에 대해서는 생각이 일어나지 않는다. 습관처럼 반복되는 동작과 행동들은 본능에 의존한 관성일 뿐 생각의 결과로 행하는 것이 아니기 때문이다.

예를 들어, 아침에 눈을 떠서 얼굴을 씻고 밥을 먹고, 자동차를 몰고 출근해서 정해진 대로 늘 하던 일을 하고, 친한 사람과 맥주 한두잔을 나눈 다음 귀가해서 TV를 보고 잠자리에 든다면, 그날 하루에 일어난 대부분의 생각은 망상 내지는 조각조각 나뉜 생각의 파편들에 불과하다.

하지만 익숙하지 않은 상황과 만났을 때 우리 머릿속에서, '새로운 생각'들이 일어난다. 매일 제시간에 오던 전철이 오지 않으면 그제야 '무슨 일이지?' 하는 생각이 드는 것처럼, 즉 낯선 것과 조우하지 않는 한 새로운 생각은 없다는 뜻이다.

의식적으로 새로운 환경에 도전하라

이렇게 새로운 상황에 대한 생각들이 사유되고, 그것들이 의식에 젖어들어 나의 행동이 교정되고 내면화되는 과정이 바로 긍정적 습관화, 소위 긍정적 애티튜드(attitude)의 형성이다. 반면 좁은 범위에서 습관화된 행동과 생각만 반복하게 되면, 우리는 모든 낯섦을 거부한 채 누에처럼 고치를 짓고 거기에 안주하게 된다.

따라서 나의 발전을 위해서는 의식적으로 새로운 환경에 도전해서 새로운 생각을 많이 이끌어내고, 그것을 통해 새로운 습관을 만드는 태도를 형성하는 것이 대단히 중요하다.

다만, 이렇게 해서 새로이 형성된 태도들은 막 거푸집에 부은 시멘트반죽과 같아서 습관화하려면 오랜 기간 의식적인 노력을 계속해야 한다. 만약 생각만 가득하거나, 설령 새로운 생각을 정리했다 해도 그것을 새로운 습관으로 연결하지 못한다면 그것은 '행동으로 연결하지 못한 생각', 즉 관념에 불과하다.

이렇게 우리가 생각을 행동으로 연결시키기 어려운 이유는 '저항의 중간지대'라는 방해물이 있기 때문인데, 이것은 익숙한 나쁜 습관이 새로운 좋은 습관을 밀어내려는 무의식의 장난을 가리키는 말로, 육체적인 것과 심리적인 것의 두 가지가 있다.

먼저 육체적인 것을 살펴보자. 어떤 사람이 갑자기 운전을 배우기로 마음을 먹었다고 가정하자. 그 결심의 배경에는 직장이 먼 곳으로 바뀌었거나 지하철역에서 먼 집으로 이사를 갔거나 하는 등의 환경의 변화가 있었을 것이다. 이처럼 운전의 필요성을 생각하게 된 새로운 환경이 운전을 배우겠다는 결심을 이끌어내기는 했지만, 막상 운전을 배우는 과정은 쉽지 않다. 핸들은 뜻대로 돌아가지 않고, 발은 액셀러레이터와 브레이크를 혼동한다. 운전연습 한 시간 만에 머리는 지끈거리고, 뒷목이 뻐근하고, 몸살이 난다. 하지만 이 저항의 중간지대를 극복해야만 비로소 운전면허증을 손에 쥘 수 있다.

이때 두려움과 피곤과 몸살이라는 저항의 중간지대를 건너가게 하는 힘은, 그것이 필요하다는 이성적 의지와 그것으로써 얻는 이익이 현재의 어려움보다 가치 있다는 믿음일 것이다. 하지만 이 과정에서 변심의 유혹은 계속된다. 지금이라도 그만두고 익숙한 원래 상황으로 회귀하려는 나태함의 욕구가 작동하는 것이다.

그래도 이 중간지대를 무사히 건너 운전에 익숙해지면 이성적 지령 없이도 주행하는 다른 차들과 교통신호에 따라 손과 발이 무의식적으로 반응하게 된다. 중간지대를 극복하면 일체화가 이루어지기 때문이다. 그러면 얼마 전까지 '목표'였던 운전이라는 도전은 이제 익숙한 습관으로 자리잡게 된다.

하지만 유혹에 져서 그 과정을 멈춘다면, 불과 얼마 전까지 새로운 도전이었던 운전은 좌절의 대상이 되고, 이후 다른 무엇인가가 필요한 새로운 환경을 만났을 때 그것에 다시 도전하고 저항의 중간지대를 극복하려는 나의 의지 또한 현저하게 약화된다. 나를 나쁜 습관의 포로로 만들어가는 것이다.

두번째는 심리적인 문제다. 스스로 어떤 목표를 세우고 무엇인가를 하기 위해 계획을 세울 때를 보자. 처음에는 '그걸 결심했어.' 하고 두 주먹을 불끈 움켜쥐지만, 얼마 지나지 않아 그 마음은 새벽녘의 모닥불처럼 사그라들게 된다. 바로 심리적 저항의 중간지대가 존재하기 때문이다. 이것은 무의식의 장난이다. 우리가 의식이라고 믿고 있는 것들은 마치 정교하게 편집된 한 편의 영화와 같은 것이다. 우리의 자아는 메이킹 필름을 편집하는 가위다. 스스로 자아라고 믿는 의식은 내가 가진 편집 가위로 기억하고 싶은 것, 자랑스러운 것, 앞뒤를 매끄럽게 연결하기 위해 무시해도 좋을 만한 것들만 남기고 기억을 싹둑싹둑 잘라버린 결과물이다. 이때 잘려나간, 버리고 싶은 기억의 필름들은 의식의 호수 아래로 가라앉는다.

하지만 이것은 실체하는 것이므로 마치 호수에 던져진 시신처럼 언제든 수면위로 떠오를 기회만 엿보고 있다. 만약 나의 내면이 단단하게 정리되고 의식이 집중되어 망상의 찌꺼기가 파고들 틈이 없다면 그것은 강바닥의 진흙으로 퇴적되고 만다. 그러나 내 의식이 산만하거나 다른 것에 유혹되어 집중하지 못할 때는 순식간에 수면 위로 떠올라 의식과 뒤섞여 버린다. 편집 안 된 필름을 보면 화면을 이해할 수 없는 것처럼 온통 뒤죽박죽이 되어 버리는 것이다.

그래서 무엇인가를 결심할 때는 반드시 주변을 먼저 바르게 정돈해야 한다. 난잡한 환경에서 공부할 수 없듯이(집중할 수 없듯이) 새로운 습관을 만들고 새로운 태도를 형성하고 싶을 때는 나의 의식을 방해할 만한 것들, 즉 심리적 저항의 중간지대를 우선 걷어내버려야 한다.

– 박경철, 『시골의사 박경철의 자기 혁명』, 리더스북, 2011 –

위의 〈읽을거리1〉 전체의 의미를 파악하기 위해서 가장 손쉽게 할 수 있는 것이 바로 소제목들로 구분된 문단을 살펴보는 일이다.

우선 이 글은 '큰제목'과 '소제목'으로 구분된다. '낯선 것을 통해 본질을 통찰하라'는 큰제목은 이 글 전체를 관통하는 큰 주제를 명시한다. 그래서 도입부의 첫 문단은 글 전체에서 말하고자 하는 주제를 소개한다. 핵심 문장은 "낯선 것과의 조우를 통해 이성이 시작된다."는 하이데거의 말이다. 저자가 말하고자 하는 가장 중요한 주제는 바로 '낯선 것을 통해 새로운 생각을 얻으라'는 것이다. 이것이 도입부의 세 문단에서 궁극적으로 말하고자 하는 바이다. 1문단에서는 하이데거의 말을 설명하고 있으며 2문단은 이에 대한 사례이다. 3문단은 다시 한 번 핵심을 강조하면서 "익숙하지 않은 상황과 만났을 때 우리 머릿속에서 '새로운 생각'들이 일어난다."고 말한다.

그 뒤에 배치되어 있는 소제목 '의식적으로 새로운 환경에 도전하라'는 '낯선 것을 통해 본질을 통찰하라'는 제목에서 다루고자 하는 주제를 세분화하여 구체적으로 제시하기 위해 붙여진 것이다. 이 제목 하에 제시된 글에서는 바로 낯선 것을 통해 새로운 생각을 얻고 그것을 내면화하는 긍정적인 습관을 갖는 게 중요하다는 점을 설명한다. 이 부분은 총 11개의 문단으로 구성되어 있다. 글의 핵심 문단은 1문단과 2문단이다. 2문단의 내용, "나의 발전을 위해서는 의식적으로 새로운 환경에 도전해서 새로운 생각을 많이 이끌어내고, 그것을 통해 새로운 습관을 만드는 태도를 형성하는 것이 대단히 중요하다."가 글의 소제목을 대변하는 핵심 문장이다.

또한 새로운 환경에 의식적으로 도전하고 새로운 생각을 도출하는 긍정적인 습관을 방해하는 두 가지 요소, 즉 '육체적인 요소'와 '심리적인 요소'를 지적한다. 이는 3문단부터 10문단까지 이어진다. 3문단에 이 두 요소에 대한 핵심이 제시되어 있다. 저항의 중간지대라는 방해물로 인해 나쁜 습관이 새로운 좋은 습관을 밀어낸다는 것이다. 뒤에 배치된 문단에서는 이러한 두 가지 요소의 극복 과정에서 우리는 의식적으로 낯선 것과 만났을 때 위축되거나 회피하는 나쁜 습관을 극복하고 도전을 통해 새로운 생각을 얻으면서 새로운 사고와 만날 수 있다고 말한다. 그리고 마지막 11문단에서 "새로운 습관을 만들고 새로운 태도를 형성하고 싶을 때는 나의 의식을 방해할 만한 것들, 즉 심리적 저항의 중간지대를 우선 걷어내버려야 한다."고 강조한다. 이러한 결론이 바로 '낯선 것을 통해 본질을 통찰하는 것'이라고 말할 수 있다.

이를 도입부를 예로 들어 정리하면 다음과 같다.

글의 제목	낯선 것을 통해 본질을 통찰하라
소문단1	핵심 내용
	낯선 것과의 조우를 통해 이성이 시작된다
소문단2	핵심 내용
	일례로 늘 하던 대로 하루를 보낼 경우, 하루에 일어난 생각의 대부분은 망상 내지는 파편들에 불과하다
소문단3	핵심 내용
	우리가 익숙하지 않은 상황과 만났을 때 머릿속에서 새로운 생각들이 일어난다

이렇듯 우리가 글을 올바르게 읽고 이해하기 위해서는 '제목'과 '내용 문단의 연관성'을 꼼꼼히 따져서 과연 유기적 연관성 하에서 말하고자 하는 바를 구체적으로 제시했는지 검토해야 한다.

다음의 예문을 통해서도 이를 확인해보자.

읽을거리2

　논문 서평 쓰기를 수행할 때의 효과는 세 가지이다. 첫째는 학습자가 비판적, 분석적, 총체적 사고를 기를 수 있다는 점이며, 둘째는 학습자가 학문 공동체의 담화 방식을 습득할 수 있다는 점이고, 마지막으로는 학습자가 글쓰기 윤리 의식을 고취할 수 있다는 점이다.
　우선 학습자가 비판적, 분석적, 총체적 사고를 기를 수 있는 점에 대해 살펴보자. (중략) 서평 쓰기의 대상 텍스트로 논문을 활용하면 이와 같은 분석적 사고와 비판적 사고를 보다 신장시킬 수 있다. 이는 앞서 언급한 것처럼 논문이 학술적 글쓰기의 면면을 잘 드러내주는 텍스트라는 점 때문이다. 논문은 결론을 도출해나가는 데 있어 사고의 흐름을 논리적으로 전개하는 글인 동시에 연구대상에 대한 분석의 과정을 보여주는 글이다. 따라서 학습자는 논문을 읽는 과정에서 논리적 사고의 전개 과정을 발견하며, 원 텍스트의 분석 과정을 확인하는 동시에 이를 다시금 분석하고 평가함으로써 비판적 문식성(critical literacy)을 신장시킬 수 있다. (중략)
　더욱이 논문은 학습자에게 총체적 사고를 길러주는데 도움이 되는 텍스트이다. 논문에 대한 적절한 비평을 위해 학습자는 논문의 연구대상이나 주제에 대해 친숙히 알고 있어야 할뿐더러 연구사 내지는 사회적 맥락에 대해 알아야 한다. 이 과정에서 학습자는 폭넓게 대상 논문과 관련된 학문 공동체의 다양한 시각들을 알 수 있고, 대상 논문의 연구대상이나 그 논문이 산출될 당시의 사회 흐름을 파악하고 서평 쓰기 대상 논문의 위상을 점검하게 된다. 이는 학습자로 하여금 서평 쓰기의 대상이 되는 논문 한 편을 단선적으로 이해하는 것을 넘어서서 해당 논문을 둘러싼 맥락을 생각하게 한다는 점에서 총체적 사고를 기를 수 있게 한다.

다음으로 학습자가 학문 공동체의 담화 방식을 습득할 수 있는 점에 대해 살펴보자. 학습자는 대학에 들어오면서 전문 학술 내용을 담고 있는 글을 많이 접하게 될 수밖에 없는 위치에 놓이게 되며, 이들이 빈번하게 접하는 자료 가운데 하나가 바로 논문이다. 그런데 논문은 대다수의 학습자가 중고등학교 시절에는 읽기 자료로서 접하지 않았던 것이기에, 학습자는 논문을 읽고 자기화해서 평가하는 과정을 생소하고 어렵게 느끼기 마련이다.

이러한 점은 대학의 학술적 글쓰기의 필요성을 다시금 떠올리게 한다. 대학에서 학술적 글쓰기를 학습자가 새로 습득해야 하는 이유는 중고등학교 때와 대학의 담화 방식이 다르기 때문이다. (중략) 즉 대학신입생들은 대학에서 소통되는 학문 공동체의 담화 방식을 이전에 경험해보지 못했기 때문에 이를 새롭게 습득해야만 대학의 담화의 장으로 이행할 수 있고, 담화 공동체 안에서 의사소통이 가능하다는 것이다. 학위논문과 학술지논문은 학습자가 대학에서 수학하기 위해 빈번하게 접하는 텍스트라는 점에서뿐만 아니라 그 자체가 학문 공동체 안에서 생산되고 소통되는 텍스트이기에 학문 공동체의 담화 규범을 잘 드러낸다. 또한 논문 서평 쓰기는 학습자에게 한 편의 텍스트만을 보게 하는 것이 아니라 그 논문이 산출된 학술 담화 방식의 전체를 조망할 수 있게 한다는 점에서 의미가 있다.

마지막으로 논문 서평 쓰기를 통해 학습자가 글쓰기 윤리 의식을 고취시킬 수 있는 점을 살펴보자. 우선 학습자는 논문을 읽는 과정에서 인용의 문제에 대해 생각할 기회를 가지게 된다. 학습자는 논문에 나타난 선행연구에 대한 정리, 선행연구를 바탕으로 하되 이와 구분해 필자의 문제의식을 개진하는 부분, 필요한 논거를 가지고 오되 주석으로 출처를 밝히는 것, 참고문헌을 제시한 것을 보면서 인용에 대해 의식적으로 생각하는 경험을 가지게 된다.

– 최수현, 「학술적 글쓰기로서 논문 서평 쓰기 수업 모형 연구」, 「교양교육연구」 통권 19호, 한국교양교육학회, 2013, 163~195면 재편집–

위의 〈읽을거리2〉의 의미를 파악하기 위해서는 문단을 중심으로 글의 흐름을 살펴볼 필요가 있다. 문단의 배치는 곧 글의 뼈대와 다름없기 때문이다.

우선 이 글은 6개의 문단으로 이루어져 있다. 각각의 문단의 핵심내용을 추출해 보면 다음과 같다.

글의 제목	학술적 글쓰기로서 논문 서평 쓰기 수업 모형 연구
소문단1	**핵심 내용** 논문 서평 쓰기를 수행할 때의 효과는 세 가지이다.
소문단2	**핵심 내용** 서평 쓰기의 대상 텍스트로 논문을 활용하면 분석적 사고와 비판적 사고를 보다 신장시킬 수 있다.
소문단3	**핵심 내용** 논문 서평 쓰기는 학습자에게 총체적 사고를 길러주는 데 도움이 된다.
소문단4	**핵심 내용** 논문 서평 쓰기는 학습자가 학문 공동체의 대화 방식을 습득할 수 있게 하는데 도움이 된다.
소문단5	**핵심 내용** 논문은 학문 공동체 안에서 생산되고 소통되는 텍스트라는 점에서 학문 공동체의 담화 규범을 잘 드러내고 있어 학습자에게 학문 공동체의 대화 방식을 습득하게 하는 데 도움이 된다.
소문단6	**핵심 내용** 논문 서평 쓰기는 학습자에게 글쓰기 윤리 의식을 고취시키는 데에도 도움이 된다.

위의 표에서 정리한 것을 통해 알 수 있듯이 인용된 글의 전체 내용은 1문단에서 포괄하고 있다. 1문단은 논문 서평 쓰기를 수행할 때의 효과가 세 가지라는 점을 제시하고 있는데, 2문단에서 6문단까지의 내용이 이 세 가지 효과에 대해 이야기하고 있기 때문이다.

좀 더 구체적으로 살펴보면 이 글은 논문 서평 쓰기를 할 때의 세 가지 효과는 다름 아닌 ① 비판적, 분석적, 총체적 사고를 기를 수 있다는 점, ② 학문 공동체의 담화 방식을 습득할 수 있다는 점, ③ 글쓰기 윤리 의식을 고취시킬 수 있다는 점임을 1문단에서 이야기하고 있다. 이를 기준으로 2문단에서 6문단까지의 문단의 배치를 살펴보면 보다 글의 흐름을 쉽게 파악할 수 있다. 2문단은 분석적 사고, 비판적 사고를, 3문단은 총체적 사고를 이야기한다는 점에서 2문단과 3문단은 같은 범주의 이야기임을, 4문단과 5문단은 학문 공동체의 담화 방식 습득을 이야기한다는 점에서 같은 범주의 이야기를 전달하고 있음을 알 수 있다.

따라서 이글의 문단 배치를 정리해보면 다음과 같다.

이렇듯 우리가 글의 의미를 명료하고 정확하게 파악하기 위해서는 문단과 문단의 배치, 문단의 핵심 내용을 섬세히 살펴서 유기적으로 글의 내용이 연결되고 있는지 알아보아야 한다.

옆의 〈읽을거리3〉은 혈액형에 관한 단상들을 올린 웹툰의 한 에피소드이다. 이 웹툰은 혈액형에 대해 사람들이 연상하게 되는 생각들을 일상의 상황에 녹여 구체적으로 보여주었다.

웹툰은 기존의 만화와 다르게 컷으로 이미지를 분할하지 않는다. 때문에 에피소드로 이루어진 위의 웹툰 같은 경우 에피소드가 화제이자 주제의 역할을 한다면, 이를 이루고 있는 이미지들이 글에서의 문단 같은 역할을 한다고 볼 수 있다.

위의 예문의 큰 주제는 다이어리를 사용 할 때 A, B, O, AB형의 성향에 따라 행동 양상이 달라진다는 것이다. 웹툰은 이를 크게 3가지 상황을 통해 보여주고 있다. 1. 다이어리를 작성할 때 인물이 보이는 태도, 2. 실제 주간 다이어리 작성 방식, 3. 다이어리의 용도가 그것이다.

웹툰은 이 3가지의 상황을 한 이미지에 함께 제시하고 있는데, 이는 곧 에피소드의 주제를 드러내기 위한 각각의 작은 생각의 덩어리 역할을 하고 있기 때문에 문단과 유사한 기능을 하는 것이라 볼 수 있다. 따라서 각각의 상황 속의 혈액형별 성향을 보여주는 3가지 상황의 작은 이미지들과 문구는 각 문단을 이루는 문장의 역할을 한다고 볼 수 있다.

따라서 디지털 환경에서 우리는 웹툰이나 칼럼 같은 시각화된 이미지로 구성된 글이나 문자화된 글 등을 생각의 소문단으로 나눠 꼼꼼히 뜯어 읽고 주제를 파악할 수 있어야 한다. 그래야만 디지털 환경의 다양한 글을 효과적으로 읽고 자신의 글 또한 만들어낼 수 있기 때문이다.

– 박동선, 네이버 웹툰 『혈액형에 관한 간단한 고찰』, 「105화 교환일기 다이어리」 중, 2012년 11월 9일 –

다음에 제시된 글을 문단 중심으로 분할하고 각 문단의 핵심어와 주제문을 적어보자.

각 단락의 핵심어	
각 단락의 주제문	

'손안의 미술관'을 거닌다
… 어, 붓터치도 살아있네

지난 6일(현지 시각) 미국 워싱턴 DC 스미스소니언박물관의 프리어·새클러 미술관이 아시아 유물 4만여 점을 무료로 온라인에 공개한 것을 계기로 '디지털 미술관'이 주목받고 있다. 세계 유명 미술관·박물관은 이미 10여 년 전부터 인터넷 홈페이지를 '온라인 분관(分館)'으로 여기며 공을 들여왔다.

웹페이지를 또 다른 '분관'으로

국내 미술관 홈페이지는 단순한 전시 설명이나 위치 설명을 제공하지만, 세계 선진 미술관의 웹페이지는 그 자체가 살아있는 미술관이다. 영국 테이트미술관은 2000년대 초반 웹사이트 '테이트 온라인(Tate Online)'을 만들면서 이를 '제5의 미술관'으로 삼았다. 테이트모던, 테이트브리튼, 테이트 리버풀, 테이트세인트아이브 등 테이트 산하 4개 미술관에 이은 또 하나의 미술관이란 얘기다. 소장품을 고화질로 공개하는 건 물론이고 '채널'이라는 카테고리를 통해 동영상과 팟캐스트 등으로 예술을 입체적으로 보여주고 있다.

구미 선진국들은 1990년대 중반 인터넷이 보급되기 시작했을 무렵부터 장기적으로 박물관의 디지털화를 준비해 왔다. 미국 MoMA(뉴욕현대미술관)는 온라인의 역사가 20년이나 된다. 1995년 '뮤턴트 머티리얼' '비디오 스페이스'라는 웹사이트를 시작한 이후 2005년 본격적으로 온라인 컬렉션을 시작했다. MoMA는 웹페이지를 딱딱한 정보들을 그러모은 집합소가 아니라 '살아있는 아카이브'로 활용한다. 이번에 디지털 이미지를 공개한 프리어·새클러 미술관의 'Open F|S'는 1998년 스미스소니언 내부에 디지털 사진 스튜디오가 생겼을 때부터 디지털 아카이브를 축적해 왔다. (중략)

영국은 공공 영역에서 디지털 미술관 구축에 힘쓰고 있다. PCF(공공카탈로그재단)와 BBC가 2011년 만든 '유어페인팅즈(Your Paintings)'라는 비영리단체를 통해 내셔널 갤러리를 비롯해 영국 내 1000여 개 갤러리와 미술관 등이 소유한 유화 20만 점을 고화질 이미지로 전환해 각 기관에 보급했다.

'예술의 민주화'를 이루다

네덜란드 암스테르담 국립박물관은 2013년 레노베이션을 끝내고 재개관하면서 미술관 웹사이트도 전면 개편했다. '라익스스튜디오(Rijksstudio)'라는 플랫폼을 만들어 미술관이 소장한 20여만 점의 작품 이미지를 누구나 다운받아 책갈피, 책 커버 등 어디에든 활용할 수 있도록 했다. 지난해는 네덜란드의 유명 디자인 그룹 '드룩'이 이 사이트에 있는 이미지로 만든 공간과 소품을 밀라노 가구 박람회에 전시하기도 했다. (중략)

디지털 미술관은 교육 자료로도 활발히 활용되고 있다. 대영박물관은 게임으로 아이들이 쉽게 유물을 익히도록 하는 '영 익스플로러즈', MoMA는 10대 청소년을 위한 웹사이트 '레드 스튜디오(Red Studio)'를 운영하고 있다.

– 조선일보, 2015년 1월 13일자, "'손안의 미술관'을 거닌다… 어, 붓터치도 살아있네" –

다음에 제시된 글을 문단 중심으로 분할하고 각 문단의 핵심어와 주제문을 적어보자.

각 단락의 핵심어	
각 단락의 주제문	

위치 기반 SNS 강자 '옐프'
– 열성 회원이 쓴 맛집 평가 상권분석 빅데이터로 쓰여

(전략) 옐프는 온라인 결제 서비스 페이팔(Paypal)의 공동 설립자인 제러미 스토펠만과 러셀 사이먼스가 지난 2004년 미국 샌프란시스코에서 세운 회사이다. 올해로 창립 10주년을 맞이하는 옐프의 사업 방식은 지역 정보지를 온라인으로 구현시키는 데 있다. 양질의 지역 정보를 온라인에서 제공해 소비자들의 만족도를 높인 게 가장 중요한 성공 요소다.

제러미 스토펠만과 러셀 사이먼스가 지난 2004년 옐프를 세운 것도 페이팔 시절 동료들과 식사를 하면서 우연히 제대로 된 치과의사를 찾는 것에 대한 이야기를 나누게 된 데서 비롯됐다. 현재 옐프 사이트에는 식당, 쇼핑센터, 병원 등에 대한 소비자들의 다양한 의견이 올라와 있다. 그중에서도 이용자들의 만족도가 가장 높은 분야는 식당이다. 최근 뉴욕을 방문하는 한국 관광객들 사이 스마트폰 필수 앱으로 옐프가 각광을 받는 이유가 바로 여기에 있다.

월가 등 미국 금융권과 전 세계 IT기업들이 옐프를 주목하는 이유는 이 회사가 보유한 정보량이 엄청나게 많기 때문이다. 2004년 설립 이후 옐프는 별다른 주목을 받지 못했다. 발상은 혁신적이었지만, 담긴 정보의 양이 많지 않아서인지, 소비자들의 관심을 끌기에는 한계가 분명했다. 그러다 보니 회사 수익도 적자 행진을 이어갔다. 그랬던 옐프가 반등에 성공한 것은 2010년에 접어들면서다. 방문자 수가 증가하고, 참여를 희망하는 점주(店主)들이 늘어나기 시작한 것도 공교롭게도 이 무렵이다. 그리고 비결은 회사가 보유한 정보량과 함수관계가 있다. 미국 IT기업들이 옐프를 SNS 강자 페이스북의 대항마로 꼽는 이유도 별반 다르지 않다. 페이스북이 모든 정보를 담아내는 백화점식이라면, 옐프는 지역 정보라는 하나의 카테고리에만 서비스를 국한시키고 있다. 그리고 이 부분에 있어 옐프가 보유한 정보량은 어마어마하다. 더군다나 옐프가 주목한 지역 정보는 소비자들의 생활과 밀접한 관련이 있다.

미국 샌프란시스코에서 출발한 옐프는 현재 미국, 영국, 프랑스, 독일, 네덜란드 등 전 세계 29개국에 사이트를 개설했으며, 아시아에서는 2014년 9월 말 현재 홍콩, 싱가포르, 일본에서만 서비스가 제공되고 있다. 도시별로는 총 124개 곳에 사이트가 개설됐다. 2014년 2분기의 경우 매달 평균 1억 3800만 명이 옐프 사이트를 다녀갔으며 같은 기간 6100만 명의 회원이 글을 올렸다. 옐프는 회원들이 병원, 식당, 미용실 등에 가보고 후기(後記)를 기록하는 방식이다. 이때 회원들은 자발적으로 해당 식당의 맛, 서비스 등을 점검한다. 그리고 회원들의 후기는 식당의 경쟁력을 평가하는 중요한 판단 기준이 된다.

스마트폰 시대의 개막은 웹사이트 영역에 국한됐던 옐프에게 날개를 달아줬다. 시공간의 제약을 뛰어넘는 모바일 환경이 도래하면서 옐프 회원들의 평가는 더욱 중요한 판단 기준이 되고 있다. 외신에 따르면, 최근 옐프 회원들의 이용 후기에 대한 신뢰도가 높아지면서, 미 보건당국이 보고되지 않은 식중독 기초 자료를 조사하는 데 옐프를 적극 활용하고 있는 것으로 전해졌다. (중략)

월가 및 IT업계가 옐프로부터 배우는 점은 고객 충성도를 높이는 방법이다. 열성 회원들이 알찬 후기를 올리는 것은 옐프의 성장이 단순히 돌풍에 그치지 않을 것으로 보기 때문이다. 옐프는 초기부터 회원끼리 친구를 맺고 커뮤니티를 만들 수 있도록 했다. 지금의 소셜네트워크 서비스를 사업 모델의 큰 축으로 활용한 것이다. 그리고 열성적으로 후기를 올리는 회원에게는 엘리트 배지 같은 가상의 등급을 부여한다.(중략)

정보의 신뢰성을 높인 점도 성공 요인으로 풀이된다. 우선 옐프 회원들이 타인이 올린 후기를 누구나 평가할 수 있도록 해 신뢰성과 객관성을 끌어올렸다. 여기에 진화된 알고리즘으로 악의적인 평가를 자동으로 걸러내는 필터링시스템도 경쟁 서비스보다 앞서 있다. 또 구글맵스를 이용하는 등 외부 업체와의 협업시스템도 옐프의 성공에 엔진 역할을 했다.

옐프에게는 앞으로가 더 탄탄대로다. 회원들의 정보는 결국 빅데이터로 연결돼 상권 분석과 같은 2차 정보로 가공할 수 있다. 여기에 지역 점포들을 하나로 묶어 온라인 예약 시스템까지 갖춘다면, 옐프는 단순히 지역 소식을 전하는 온라인 서비스 범주를 넘어서게 된다. 현재 옐프가 BMW, 애플과 조심스럽게 협업을 검토하고 있는 것도 이런 측면으로 볼 수 있다. 가령 BMW 자동차를 운전하다가 음성인식 서비스로 가까운 음식점을 찾으면 옐프 회원들이 추천한 곳을 자동으로 알려주는 것도 충분히 가능하다. 실제로 옐프는 현재 애플의 음성인식 서비스 시리(Siri)와 옐프 서비스를 연계시키는 것을 조심스럽게 검토하고 있는 것으로 전해졌다.

– 이코노미조선, 2014년 11월 4일자, "위치 기반 SNS 강자 '옐프'" –

3) 핵심어를 이용한 문장 구성하기

　디지털 환경의 글을 분석하거나 쓸 때 명확하게 의견을 제시하고 전달하는 효과적인 방법으로서 핵심어를 이용한 문장 구성 방법에 대해 구체적으로 알아보자.

　앞서 글을 이루는 문단을 살펴보았다. 문단이 모여서 글을 이룬다면, 문단은 문장이 모여서 이루어진다. 각각의 문장들이 유기적인 흐름으로 연결되어 있도록, 그리고 이를 바탕으로 한 문단들이 조직적이게 하려면 주제의 핵심어들을 활용하는 것이 효과적이다.
　내가 전달하고 싶은 주제는 그를 이루는 몇 개의 핵심어를 바탕으로 한다. 이 핵심어들은 나의 생각을 간결하고 명확하게 보여주는 내 생각의 대표어라 할 수 있기 때문이다. 따라서 우리는 글을 읽을 때 주어진 글에 나타난 핵심어들을 추리는 것만으로도 그 글에 담긴 중심생각을 파악해 낼 수 있다.

　다음의 예문을 통해 이에 대해 살펴보자.

문화재 '번호' 없앤다
… 공청회 거쳐 연내 고시 추진

　'국보 1호'는 화재 이후 다시 지어진 '숭례문'이며, '국보 70호'는 세종대왕이 훈민정음 창간 취지를 설명하기 위해 펴낸 '훈민정음 해례본'이다. 그러나 이르면 올해 안으로 국보에 붙는 이 같은 일련번호가 없어져 국보 표기 방식이 '국보 숭례문' '국보 훈민정음'으로 바뀔 것으로 보인다. 일제강점기인 1933년 처음 만들어진 국보 번호 체계가 80여 년 만에 사라지게 되는 셈이다. (중략)

　이에 따라 문화재청은 다음달 안으로 '국가문화재 관리 체계 재조정을 위한 기본 연구' 용역에 들어간다는 방침이다. 문화재청은 이 과정에서 국보 번호를 아예 폐지하는 것을 대전제로 일본처럼 행정상으로만 번호를 남겨두거나 번호를 종전대로 유지하되 순서만 뒤바꾸는 방안 등 다양한 대안을 검토하기로 했다. 번호 순서를 변경하는 세 번째 안은 백가쟁명식 의견이 쏟아질 것으로 예측됨에 따라 현실성이 없는 것으로 평가한다.

　이처럼 국보 번호 폐지를 추진하는 것은 번호 순서에 따라 국보의 중요도가 다르다는 인식이 국민 사이에서 고착되면서 국가문화재 관리에 혼란이 초래되고 있다는 판단에 따른 조치다. 일각에서 화재로 대표성을 상실한 숭례문의 국보 1호 박탈을 위한 국민서명운동까지 펼쳐지고 있는 상황도 적극 고려됐다. 문화재청은 차제에 국보뿐만 아니라 보물, 사적, 명승, 천연기념물, 중요민속문화재 등 마찬가지로 번호가 부여돼 있는 국가 지정문화재를 망라해 번호 해제를 모색하기로 했다.

문화재청은 용역 결과가 나오는 대로 공청회 개최와 문화재위원회의 개별·합동 분과 등 심의를 거쳐 최종안을 확정하고 이를 관보를 통해 고시하기로 했다. 용역 작업은 6~8개월가량 소요되며 이르면 올해 내 모든 작업이 마무리될 수 있을 전망이다.

– 배한철 기자, 매일경제, 2015년 1월 11일자, "문화재 '번호' 없앤다 … 공청회 거쳐 연내 고시 추진" –

위의 〈읽을거리1〉은 문화재 번호에 관한 기사이다. 이 글은 국보 표기 방식에서 일련번호가 없어지는 것을 다루고 있다. 이를 위의 예문은 3가지 단계를 거쳐 표현한다. 처음에는 기존의 국보 1호였던 숭례문과 국보 70호였던 훈민정음 해례본을 예를 들어 국보 표기 방식에서 일련번호가 사라지는 것의 의미하는 바를 이해하기 쉽도록 설명한다. 다음으로는 새롭게 제시할 국보 표기 방식에 대한 문화제청의 준비와 방향에 대해 설명한다. 마지막으로 이 같은 국보 번호 폐지 추진의 이유에 대해 설명한다. 이러한 글의 내용을 선명하게 보여주기 위해 예문은 '국보', '표기 방식', '국보 번호'라는 핵심어를 반복 활용해 문장을 구성하고 있다.

그렇다면 핵심어를 이용하여 문장을 어떻게 만들어야 할까. 글의 내용을 이해하고 말하고자 할 때는 읽기 능력뿐만 아니라 효과적인 표현하기 능력 또한 요구된다. 효과적인 표현은 읽은 글을 적절하게 문장의 형태로 구성하고 말할 수 있을 때 가능하다.

텍스트에서 이해한 내용을 효과적인 문장으로 구성하기 위해서는 무엇보다 요약하고자 하는 문단의 핵심어를 몇 가지 선택하고 그것을 중심으로 주제문을 구성해 보는 것이 효과적이다.

단순히 내용 문단을 읽고 막연하게 주제를 짐작하기보다는 핵심어를 몇 가지 선택하여 문장으로 구성해내는 방법을 활용하면 이해한 내용을 엉뚱하게 혹은 잘못 표현하는 위험을 최소화할 수 있다.

다음의 예문을 통해 문장의 효과적인 구성과 표현에 대해 알아보자.

세 번째는 죽음에 관한 이야기입니다.

열일곱살 때 이런 글을 읽은 적이 있습니다. "매일을 인생의 마지막 날처럼 산다면, 언젠가는 바른 길에 서게 될 것이다." 이 글에 깊은 인상을 받은 저는 지난 33년 동안 매일 아침 거울을 보면서 스스로에게 물었습니다. "만약 오늘이 내 인생 마지막 날이라면, 오늘 내가 하려고 하는 이 일을 과연 할 텐가?" 그리고 단지 너무나 많은 날이 남아 있다는 이유만으로 "아니오"라는 대답이 나오게 될 일이라면 저는 뭔가를 바꿔야 한다는 걸 깨달았습니다.

내가 곧 죽게 된다는 생각은, 제 삶에서 큰 결정을 내리는 데 중요한 도움을 주었습니다. 그 모든 외부의 기대, 그 모든 자존심, 좌절과 실패에 대한 그 모든 두려움… 이것들은 죽음 앞에서 그저 아무것도 아니며, 인생에서 진정 중요한 것만 남기고 사라지게 되기 때문입니다. 여러분이 언젠가는 죽으리라는 사실을 기억하는 것은, 살면서 뭔가를 잃을 것이 있다는 생각의 함정으로부터 벗어나게 해주는 최고의 수단입니다. 여러분은 이미 발가벗고 있습니다. 따라서 자기의 가슴이 말하는 바를 따라가지 못할 이유가 없는 것입니다.

1년전쯤 저는 암 판정을 받았습니다. 아침 7시 반에 검사를 받았는데 췌장에 종양이 있는 것이 분명히 확인됐습니다. 그전까지는 췌장이란 게 뭔지도 몰랐는데 말이죠. 의사들이 얘기하길, 거의 치료가 불가능한 종류의 암이며 앞으로 3개월에서 6개월 밖에 못 살 거라고 했습니다. 제 주치의는 집으로 돌아가 신변을 정리하라고 얘기했습니다. 의사들 표현으로, 죽음을 준비하라는 얘기였죠. 그것은 아이들에게 10년 동안 해줄 얘기를 단 몇 달만에 하라는 것과 같았고, 가족들이 좀더 수월할 수 있도록 모든 것을 충분히 마무리해두라는 뜻이었으며, 작별 인사를 하라는 의미였습니다.

저는 그날 내내 그 판정을 받아들이기 위해 애를 썼습니다. 그리고 저녁에 생체검사를 받았습니다. 의사들이 제 목구멍으로 내시경을 집어넣어 위와 장을 지나 췌장에 붙어 있는 암세포 조직을 바늘로 떼어냈습니다. 저는 마취 상태였는데, 나중에 아내가 말하길, 현미경으로 세포를 분석해 보니

디지털 세대를 위한 창의적 구성과 소통의 글쓰기

치료가 가능한 희귀한 췌장암이라는 걸 확인한 의사들이 눈물까지 보였다고 하더군요. 그래서 저는 수술을 받았고 지금은 괜찮습니다.

그때만큼 죽음과 가까이 대면했던 적은 없었습니다. 그리고 앞으로도 몇 십 년간은 그게 죽음에 가장 가까이 가본 경험이 되기를 바랍니다. 죽음에서 빠져 나오고 보니 이제 저는 죽음이라는 것을 순전히 머리로만 이해하고 있던 개념보다 좀 더 명확하게 말할 수 있게 되었습니다.

어떤 사람도 죽음을 원치는 않습니다. 심지어 천국에 가고 싶다는 사람들조차 죽어서 천국에 가는 건 원치 않습니다. 그럼에도 우리 모두는 언젠가 죽을 것입니다. 누구도 피해갈 수 없습니다. 그리고 그렇게 될 수밖에 없습니다. 죽음이란 삶이 만들어낸 최고의 발명품이니까요. 죽음은 삶을 변화시키는 중매자입니다. 죽음은 낡은 것들을 거둬내고 새로운 것을 위한 길을 닦아주는 것입니다. 바로 지금, 여러분이 그 새로움입니다. 하지만 얼마 지나지 않아 여러분도 점차 낡은 것이 되어 거두어지는 존재가 될 것입니다. 너무 극단적으로 표현해서 죄송합니다만, 분명한 사실입니다.

여러분의 시간은 한정되어 있습니다. 따라서 다른 사람의 삶을 사느라 시간을 낭비하지 마십시오. 다른 사람들의 생각에 따라 살거나 타인들의 신조라는 덫에 걸려 살지 마십시오. 다른 사람들의 의견에서 비롯된 소음이 당신 내면의 목소리를 익사시키게 그냥 두지 마십시오. 그리고 가장 중요한 것은, 여러분의 마음과 직관을 따르는 용기를 갖는 것입니다. 이것들은 이미 여러분이 진정으로 되고 싶어하는 것이 뭔지를 알고 있습니다. 그외 모든 것들은 부차적인 것입니다.

제가 어렸을 때 〈지구 백과 카탈로그〉라는 놀라운 잡지가 있었습니다. 제 또래에서는 일종의 성경 같은 거였지요. 이곳에서 그리 멀지 않은 멘로파크에서 스튜어트 브랜드라는 사람이 낸 잡지인데, 그는 이 잡지에 시적인 감각으로 생명을 불어 넣었습니다. 컴퓨터나 전자출판이 있기 전인 1960년대 후반이었기에, 타자기와 가위, 폴라로이드 카메라로 찍은 사진 등이 동원돼 만들어진 잡지였습니다. 35년 전에 미리 만들어진, 보급판 책 형태의 구글이라고나 할까요. 그 책은 솜씨 좋은 도구와 위대한 의지를 통해 만들어진 이상적인 것이었습니다.

스튜어트와 그의 팀원들은 몇 회인가 〈지구 백과 카탈로그〉를 발간했고, 명이 다할 때쯤 최종판을 내놓았습니다. 그때가 1970년대 중반이었으니, 제가 여러분 나이 때였죠. 최종판 뒤표지에는 이른 아침의 시골길 풍경 사진이 있었는데, 여러분이 만약 모험심이 강하다면 히치하이킹이 해보고 싶어질 만한 풍경이었습니다. 그 사진 아래에는 이런 말이 적혀 있었습니다. "항상 갈망하라. 늘 바보처럼" 이것이 바로 그들의 작별인사였습니다. 항상 갈망하라, 늘 바보처럼. 저도 언제나 스스로에게 바랐습니다. 그리고 이제 졸업과 함께 새로운 시작을 앞둔 여러분도 그렇게 되기를 바랍니다.

항상 갈망하십시오. 늘 바보처럼.
대단히 감사합니다.

– 레오짱, 『스티브잡스의 세상을 바꾼 명연설』, 미르에듀, 2011 –

	핵심어	죽음, 발가벗고 있다는 것
1	요약문	우리가 곧 죽는다는 가정은 커다란 선택을 내리는 데 도움을 주는 가장 큰 도구다. 뭔가를 잃을지도 모른다는 두려움, 실패 등등은 죽음 앞에서 무력해진다. 마음으로 원하는 것을 하는 것이 가장 중요해진다. 우리는 이미 발가벗고 있다는 것을 기억해야 한다.
	핵심어	죽음, 중매자
2	요약문	우리는 죽음을 모두 두려워하고 원하지 않지만 그것은 우리 모두가 공유하는 피해 갈 수 없는 운명이다. 제한돼 있는 시간을 소중히 느껴야 한다. 왜냐하면 그것은 우리들의 삶의 변화를 가능하게 하는 중매자이기 때문이다.
	핵심어	용기, 마음, 직관
3	요약문	우리에게 시간은 제한되어 있어서 자신이 하고 싶은 일을 하며 살아야 한다. 제한되어 있는 시간에 할 수 있는 것을 최대한 하기 위해서는 용기를 가지고 직관에 따라 나아가야 한다.

학생 요약글

위의 〈읽을거리3〉은 학생의 글로서, 〈읽을거리2〉의 내용을 보고 짧게 요약한 것이다. 요약은 자신이 중요하다고 판단하는 문단을 짧게 정리하는 것이므로 텍스트의 내용을 이해하는 데 필수적인 과정이다. 위의 학생도 요약의 기본적인 지침을 이해하고 이해한 내용을 정리했다.

이때 학생은 요약하고자 하는 내용 문단에서 자신이 중요하게 여긴 핵심어를 선택하고 이를 활용하여 주제문을 제시했다. 1번의 경우를 보자. 〈읽을거리2〉의 두 번째 내용 문단을 요약하기 위해서 학생이 선택한 핵심어는 '죽음, 발가벗고 있다는 것'이다. 학생은 이 두 핵심어에 살을 붙여서 내용 문단의 핵심 문장을 만들어냈다.

다만, 위의 사례에서 〈읽을거리2〉 내용의 분량에 비해 〈읽을거리3〉의 요약문이 매우 간략하고 짧아서 요약문만 보아서는 〈읽을거리2〉에서 말하고자 하는 내용의 전체 의도와 핵심을 충분히 파악하기 어렵다. 이는 요약 과정에서 중심 문단을 충분히 파악하지 못했기 때문에 발생한다. 텍스트를 이해하고 요약할 때에도 중심 문단의 유기적 연관성에 유의해야 하는 이유가 여기에 있다.

> 자신이 찾은 중심 문단이 너무 적거나 다른 문단과의 유기성이 결여될 경우에는 완성된 요약문 또한 기존 텍스트의 중심 내용을 온전히 반영할 수 없다. 따라서 텍스트를 이해하고 그것을 문장으로 구성·요약할 경우에는 문단 내용의 유기적 연관성에 주목해야 한다.

가령, 〈읽을거리3〉에서 1번의 요약문은 〈읽을거리2〉에 언급된 첫 번째 문단을 전제로 할 때 좀더 자연스러운 문맥 속에 위치시킬 수 있다. 첫 번째 문단에서 '내 생의 마지막 날'과 '일'이라는 핵심어를 찾아, '오늘이 내 생의 마지막 날이라고 생각하면 자신이 진정 하고자 하는 일을 찾을 수 있을 것이다'와 같은 요약문을 작성한 후 〈읽을거리3〉의 학생 요약문 1번과 나란히 놓아 보자.

> 오늘이 내 생의 마지막 날이라고 생각하면 자신이 진정 하고자 하는 일을 찾을 수 있을 것이다. 우리가 곧 죽는다는 가정은 커다란 선택을 내리는 데 도움을 주는 가장 큰 도구다. 뭔가를 잃을지도 모른다는 두려움, 실패 등등은 죽음 앞에서 무력해진다. 마음으로 원하는 것을 하는 것이 중요해진다. 우리는 이미 발가벗고 있다는 것을 기억해야 한다.

이와 같이 텍스트를 읽고 그것을 효과적으로 표현하기 위해서는 내용 문단을 꼼꼼히 훑어보고 각 내용 문단의 핵심어를 찾을 후, 그것을 활용하여 문장을 구성하는 것이 필요하다.

연습문제 1

1. 자신의 일상 사진이나 즐겨 보는 만화 혹은 게임을 보고 그것을 핵심어가 들어간 문단으로 작성해 보자.

1) 각각의 대상을 대표할 핵심어를 만들어 보자.
2) 핵심어를 중심으로 문장을 만들어 보자.
3) 문장들을 뒷받침할 문장을 써 보자.
4) 문장들을 연결하여 한 문단의 글로 구성해 보자.

대상을 대표할 핵심어	1.	
	2.	
	3.	
핵심어를 중심으로 중심문장 만들기	1.	
	2.	
	3.	
각 단락의 주제문의 뒷받침 문장	1번 문장	
	2번 문장	
	3번 문장	

2. 위의 표를 활용해 한 문단의 글을 만들어보자.

다음의 주어진 글에서 핵심어를 찾아보자. 이를 바탕으로 각 문단의 중심생각을 핵심어를 활용해 하나의 문장으로 만들어보자.

미래 인재상, 글쓰기 능력에 달렸다

5월 초 언론학회 미래위원회의 세미나에 패널로 참석했습니다. 토론 주제는 '미디어 산업에서는 어떤 인재를 원하는가'였습니다. 저를 포함해 영화제작자 1명과 포털사이트 기획 책임자 1명 등 3명이 외부 패널로 각 분야에서 요구하는 인재상을 발표했습니다. 그런데 3개 부문 모두에서 공통적으로 요구하는 재능이 하나 있었습니다. 그것은 바로 창의적으로 이야기를 쓸 수 있는 능력, 즉 글쓰기 능력이었습니다. 단순하게 기술적인 역할을 수행하는 사람들에게는 글쓰기가 중요하지 않을지 모르지만 기획을 하고, 상대방을 설득하고, 많은 사람들을 자신이 요구하는 방향으로 유도하기 위해서는 체계적이고 감동적인 글쓰기 능력이 필요하다는 것이었습니다. 이른바 스토리텔링(Storytelling) 능력이라고 하는 것인데 이런 능력을 갖췄느냐 갖추지 못했느냐에 따라 급여 자체에 큰 차이가 있을 수밖에 없다는 것이었습니다.

사람들은 우리가 이미지나 영상 중심의 시대에 살고 있다고 생각합니다. 그러나 실제 우리는 과거 어느 때 보다 더 많이 글을 활용하고 있습니다. 인터넷이 보급되기 이전에 글을 쓰는 것은 거의 예외적인 일이었습니다. 이따금 부모님께 편지를 보내 용돈을 받든지, 사랑하는 사람에게 연서(戀書)를 보내는 것, 회사원이라면 가끔씩 기획서를 쓰는 것이 전부였습니다. 그러나 요즘은 어떤가요. 문서를 하루에 20~30건 작성하는 것은 일도 아닌 상황이 되었습니다. 이메일, 인스턴트메시지, 블로그, 문자메시지 등등 우리가 하루 동안 처리하는 텍스트의 양은 과거에 비할 수 없이 늘었습니다. 이제야말로 문자로 민주화된 의사소통을 하는 시기가 되었다고 할 수 있습니다. 개인적으로는 구텐베르크의 인쇄술 보급 이후 거의 600여 년간 문자를 활용한 글쓰기는 여전히 소수의 엘리트 계층에 독점되었다고 봅니다. 글을 활자화할 수 있는 출판사나 신문사 등 거대 조직의 뒷받침이 없으면 불가능했던, 문서를 통한 대중과의 접합을 새롭게 등장한 통신기술들이 가능하게 한 것입니다. 이 때문에 앞으로는 사람들에게 자신이 쓴 글을 더욱 설득력 있게 읽히게 하는 능력이 더욱 중요하리라고 봅니다.

이 때문에 과거에는 글쓰기 교육을 거의 하지 않았던 공학도들을 대상으로 한 글쓰기 교육이 본격 도입되고 있습니다. 서울대 공대는 공학교육인증 과정에 글쓰기 교육을 추가할 예정이라고 합니다. 기술만 보유하고 있으면서 글을 제대로 쓰지 못하는 공학도는 더 이상 가치를 인정받을 수 없기 때문이라고 합니다.

글쓰기 능력은 사회적 분위기와 개인적 고민의 산물

2006년 5월10일자 〈뉴스위크〉에 실린 기사에 따르면 미국도 취업은 물론 고액연봉을 가르는 기준이 글쓰기라고 합니다. 미국의 전체 일자리 중 3분의 2가 글쓰기 능력이 필요한 자리고, 고임금 직종인 서비스, 금융, 보험, 부동산 부문 등으로 가면 80%가 글쓰기 능력과 직결된다고 합니다. 국내에서도 '각종 보고서 작성법'이니 '파워 글쓰기'니 하는 방식으로 글쓰기를 가르치는 교육이 늘어나고 있습니다. 그러나 이런 글쓰기 교육이 무용한 것은 아니지만 그렇다고 만능이라고 보기에는 힘든 측면이 적지 않습니다. 천편일률적인 글쓰기에 함몰될 가능성이 높기 때문입니다.

단적인 예로 올 초 모 회사의 인턴사원 자기소개서 900여 장을 읽어본 적이 있습니다. 소개서 한두 가지를 읽었을 때 느낌은 "아! 요즘 사람들 정말 글을 잘 쓰는구나"는 것이었습니다. 단락단락마다 알기 쉽게 제목을 붙이고, 적절한 고사성어까지 섞어 쓰는 글쓰기 능력에 감탄을 했습니다. 그런데 자기소개서를 계속 읽다보니 모든 사람들이 쓴 글의 패턴, 표현양식이 너무나 흡사했습니다. 나중에는 왜 이렇게 글이 똑같을까라는 의문을 갖고 몇몇 지원자에게 문의를 해보니 모범답안이 있고 그것을 적절하게 변용하는 것이라고 답했습니다. 물론 남들과 똑같이 모범답안을 보고 쓴 사람들은 가차 없이 탈락됐습니다.

사실 고도의 글쓰기 능력, 즉 제대로 된 문장과 스토리텔링을 갖추기 위해서는 사회 전반의 분위기와 개인의 노력 양쪽이 뒷받침되어야 한다고 생각합니다. 아시다시피 〈해리포터〉를 쓴 영국작자 JK롤링은 남들이 부러워하는 수준의 고등교육을 받은 사람이 아닙니다. 10억달러 작가가 된 그는 스페인에서 영어강사를 하던 어찌 보면 평범한 사람이었습니다. 문화산업 전문가인 성신여대 심상민 교수는 JK롤링 같은 탁월한 작가를 만들어 낸 것은 영국의 BBC 같은 방송사라고 설명했습니다. 심 교수는 〈블루컨텐츠 비즈니스〉라는 책에서 BBC 다큐멘터리 등을 보면서 고급 지식을 끊임없이 흡수한 영국 사람과 우리나라 사람들의 평균적인 지적능력에는 차이가 있을 수밖에 없다고 설명했습니다. 결국 사회·문화적 분위기가 고급스런 글쓰기 능력의 토양이 된다는 것이지요. 결국 국내에 계신 분들은 이런 부족한 부분을 다른 방법으로 훨씬 더 많은 노력으로 보충할 수밖에 없는 것입니다.

두 번째는 글쓰기는 고민의 산물이라는 것입니다. 정확하면서도 상대방을 설득시킬 수 있는 글은 글을 쓰는 필자가 고민을 많이 해야 완성도가 높아집니다. 원고지에 글을 쓰는 것으로 기자 생활을 시작한 저의 경우만 보더라도 컴퓨터 자판을 두드리면서 글을 쓸 때 고민의 강도가 덜합니다. 따라서 컴퓨터로 글을 쓸 때라도 머릿속으로 충분히 사고를 한 후에 글을 쓸 필요가 있습니다.

이제 모든 사회인에게 글쓰기 능력은 필수적입니다. 2005년 비즈몬의 조사에 따르면 72.1%가 업무상 문서작성에 어려움을 느낀다고 합니다. 그러나 글쓰기 훈련은 두렵다고, 어렵다고 피할 일이 아닙니다. 앞으로 유비쿼터스시대가 되면 쓰인 글을 바탕으로 이를 설득력 있게 대중에게 전달할 능력까지 요구할 것이기 때문입니다. 그러면 글쓰기 능력은 성공하는 사회인의 기초 중의 기초가 될 것이기 때문입니다.

– 이코노미조선, 2006년 6월 9일자, "미래 인재상, 글쓰기 능력에 달렸다" –

1. 각 문단의 핵심어를 추출해보자.

1문단	
2문단	
3문단	
4문단	
5문단	
6문단	
7문단	
8문단	

2. 핵심어를 중심으로 각 문단의 중심생각을 문장으로 만들어보자.

1문단	
2문단	
3문단	
4문단	
5문단	
6문단	
7문단	
8문단	

3. 각 문단의 중심문장을 바탕으로 한 편의 개요를 만들어보자.

최근에 가장 인상적으로 관람한 영화를 한 편 선정한 후 영화의 핵심어를 추출해 보고 그것을 문장으로 써 보자.

예문

　영화 〈아멜리에〉에는 아멜리에가 욕실에서 우연히 발견한 장난감 상자를 수소문 끝에 주인에게 돌려 주고 난 뒤, 이제는 노인이 된 장난감 상자의 주인이 카페에 들러 술을 하는 동안 아멜리에가 몰래 옆 자리에 앉아 그의 언행을 살펴보는 장면이 나온다.

　여기서 그는 우연히 공중전화 박스에서 발견하게 된 자신의 어릴 적 장난감 상자에 대한 놀라움과 현재 딸과 손자마저 만나지 못하는 비참한 처지를 서술한다. 그러나 카페의 주인들도 아메리에조차도 그에게 무심하게 반응한다. 이 장면은 카페에 앉아 있으나 서로 소통하지 못하는 카페 주인-아멜리에-노인의 삼각 구도를 뒤에서 반복적으로 촬영한 것이다. 노인은 카페 주인들과 말이 통하지 않자 옆에 앉은 아멜리에게 말을 걸어 보지만 외면당한다. 아멜리에는 바로 이 다음 장면에서 거리의 눈 먼 노파에게 길을 안내하며 행복감에 겨워 하지만 실제로 카페 안에서 그 기쁨을 장난감 상자를 받아 든 당사자와 공유하지는 못한다. 카페에 장난감 상자를 받아든 노인의 기쁨도 잠시 카페 주인들과도, 아멜리에와도 대화를 하지 못한 채 혼잣말처럼 현재의 자신의 쓸쓸함을 읊조리는 노인의 어두운 말소리, 카페에 흐르는 낮은 톤의 쓸쓸한 음악, 아멜리에의 외면하는 시선 속에서 카페 안은 기쁨과 슬픔이 묘하게 교차하는 무겁고 가라앉은 분위기를 풍긴다.

　이 장면을 보면 영화 〈아멜리에〉에서 추억의 장난감 상자가 매우 중요한 모티브이기는 하지만, 이것을 돌려 주는 아멜리에의 행위와 이야기만으로 섣불리 '행복한 이야기'라고 말하기는 어렵다는 것을 확인할 수 있다. 왜냐하면 의사소통마저 어려운 카페의 외롭고 쓸쓸한 분위기는 아멜리에뿐만 아니라 모든 이들이 소통 불가능성과 외로움 속에서 행복한 어린 시절의 추억마저도 충분히 기뻐하거나 나누지 못하는 불행한 상황에 처해 있음을 보여 주기 때문이다. 특히 뒤에서 촬영한 아멜리에와 노인의 뒷모습은 이들의 어깨에 내려앉은 무거운 쓸쓸함을 한층 더 고조시키는 효과를 발휘한다.

　이렇듯 이 영화의 장면은 아멜리에와 노인의 심리적 거리감을 카페에 앉은 그들의 자리 배치를 통해 드러내고 아멜리에뿐만 아니라 노인이 지닌 현재의 외롭고 쓸

쓸한 삶을 대화로서 보여 준다. 일상에서 소소한 기쁨마저 쉽게 받아들이며 소통하지 못하는 사람들의 의사소통의 불가능성이 이 짧은 장면에서 극대화되는 것이다. 이러한 소통의 불가능성과 외로움이 배어 나는 장면 이미지는 아멜리에뿐만 아니라 나와 마주한 타인 혹은 사회 구성원 전체의 관계를 심층적으로 생각해볼 수 있는 기회를 제공할 뿐만 아니라 어떠한 방식으로 행복해질 수 있는지에 대해서 좀더 다각도에서 성찰적으로 생각해 볼 수 있도록 유도한다.

이는 단순히 주인공 아멜리에를 중심으로 전개되는 서사 중심의 영화 이해와 분석에서는 쉽게 놓칠 수 있는 영화의 새로운 의미이다. 영화 장면에 들어가 있는 대사와 음악, 인물의 구도 및 촬영 기법 등은 모두 이러한 영화 장면이 드러내는 다층적인 의미를 뒷받침하는 필수적인 요소들인 것이다. 이 모든 구성요소가 장면의 전체 이미지로 구현되고 이것은 보는 이에게 다양한 관점으로 해석할 수 있는 여지를 제공한다.

– 한영현, 「영상매체를 활용한 글쓰기의 전략과 전망: 영화비평문 쓰기를 중심으로」, 『작문연구』 19, 한국작문학회, 2013 중에서 재편집 –

위의 예문에서 필자는 영화를 감상할 때, 단순히 영화의 서사만을 수동적으로 받아들일 것이 아니라 영화 장면이 함축하고 있는 다양한 의미를 좀더 주체적이고 적극적으로 받아들일 것을 주장한다.

우리가 일상적으로 많이 접하는 영화는 흥미와 재미를 주기 때문에 시간을 보내기 위해 즐겨 보는 대중매체 중의 하나이다. 그런데 영화의 내용을 수동적으로 받아들이기만 한다면 우리는 그것이 함의하고 있는 다층적인 의미를 제대로 수용할 수 없게 될 것이다.

따라서 한 편의 영화를 보더라도 그것을 나의 것으로 의미 있게 받아들이기 위해서는 영화의 장면 하나하나에 집중하고 그 장면이 어떠한 핵심을 전달하고자 하는지, 그 의미는 무엇인지를 생각할 필요가 있다.

이러한 과정을 수행하기 위해서는 우리가 본 영화 중에서 한 편을 선정하여 인상적인 장면의 핵심어를 표현하고 그것을 이용하여 중심 문장을 만들어 보는 게 좋다.

아래의 표는 위의 글에 제시된 각 문단의 핵심어를 표현하고 그것을 이용하여 중심 문장을 만들어
본 것이다. 이를 참조하여 영화를 선정한 후 핵심어와 중심 문장을 만들어 보자.

예문의 핵심어와 중심 문장

핵심어	1. 아멜리에, 장난감 상자, 주인
	2. 소통, 어두운 말소리, 쓸쓸한 음악, 외면하는 시선
	3. 소통 불가능성, 외로움, 노인의 뒷모습
	4. 소통 불가능성, 외로움, 장면 이미지, 타인
	5. 영화의 새로운 의미, 인물, 구도, 촬영 기법, 다층적 의미
핵심어로 만든 중심 문장	1. 아멜리에가 장난감 상자를 주인에게 돌려주지만 둘 사이에 놓인 거리감이 좁혀지지 않는다는 것을 영화의 장면이 말해 준다.
	2. 아멜리에와 주인 사이에 소통이 이루어지지 않는다는 것을 영화 장면에 제시된 어두운 말소리, 쓸쓸한 음악, 외면하는 시선을 통해 파악할 수 있다.
	3. 아멜리에와 장난감 상자의 주인 사이에 놓인 소통 불가능성은 노인의 뒷모습을 비추는 부분에서 더 고조된다. 또한 이러한 모습은 우리들이 모두 외로움에 속해 있다는 것을 보여 주기도 한다.
	4. 영화의 장면 이미지는 우리와 타인 사이에 놓인 소통 불가능성과 외로움에 대해 성찰해 볼 수 있도록 한다.
	5. 영화 장면에 제시되어 있는 인물, 구도, 촬영 기법 등은 영화의 새로운 의미를 발견할 수 있도록 함으로써 우리가 영화의 다층적 의미에 다가가는 길을 마련해 준다.

1. 선정 영화

2. 영화 선정 이유

3. 영화의 핵심어

4. 핵심어로 표현한 문장

5. 문장을 연결하여 완성한 글 내용

4) 텍스트의 중심 내용을 효과적으로 말하기

　디지털 매체 환경에서 글을 분석하거나 쓸 때 요구되는 효과적인 표현 능력에 대해 구체적으로 알아보자. 글을 문맥에 맞게 읽고 쓰고 말하는 표현 능력의 필요성에 대해 살펴보자.

　앞서 글쓰기의 기초로 주제와 연관된 제목 만들기, 문단을 통해 텍스트를 구성하고 읽어내기, 핵심어를 통해 문장을 만들어보는 법을 알아보았다.
　여기서는 이를 바탕으로 한 편의 글을 효과적으로 표현해보도록 하자.

　디지털 세상에는 수많은 글들이 존재한다. 인터넷을 열자마자 만나는 다양한 신문기사와 소설 및 만화들이 우리의 시청각을 자극한다. 수많은 읽을거리들이 존재하는 디지털 세상에서 우리는 얼마나 그것들을 이해하고 있을까.
　요즘 우리가 접하는 게임이나 웹툰 및 소설 등은 모두 하나의 '이야기'를 갖고 있다. 그런데 만약 누가 이들에게 자신이 즐기는 게임이나 웹툰 및 소설의 줄거리를 이야기해보라고 하면 얼마나 쉽고 정확하게 말할 수 있을까. 우리는 보고 느끼고 즐기는 능력은 탁월하지만 자신들이 즐기는 문화의 서사를 이해하고 그것을 언어로 표현하는 능력은 매우 부족하다.

　이 장에서는 디지털 세상에서 우리가 쉽게 접하고 즐기는 여러 매체의 서사를 요약하고 설명하는 것에 대해 알아보자.

"천년도"는 RPG게임입니다.

　게임 중 유저는 인간 세상에 떨어진 신선역할을 맡아 영웅들과 함께 성장하며 어리석은 어린 시절, 정열적인 소년시절을 걸쳐 성숙한 협객의 길을 개척하고 자신을 구원하는 정상과정을 완성합니다. 그 과정에서 주인공은 개성이 뚜렷한 친구들을 만날 수 있으며 험난한 모험 길에 든든한 후원군이 됩니다.

　"주인공은 영웅친구들을 만나고 서로 알아가는 과정에서 영웅의 실력을 상승시킬 수 있습니다.
"게임 내 흥미로운 시나리오와 동시 남자, 여자 주인공을 선택하여 각자 다른 체험을 할 수 있습니다. "천년도"에서 협객의 길을 체험해보세요!

―게임 〈천년도〉 홈페이지(2014), ㈜엔터메이트 제공―

위의 〈읽을거리1〉은 인터넷 포털사이트에서 접속하여 즐길 수 있는 게임의 한 종류이다. 이른바 RPG(Role Playing Game)라고 불리는 이 게임은 게임의 주인공인 내가 특정한 모험을 하거나 역할을 수행하는 방식으로 이루어진다. 위의 예문에 제시된 '천년도'라는 게임은 '천년의 이야기'라는 뜻을 갖고 있다. 예문에서도 알 수 있다시피 게임 유저는 인간 세상에 떨어진 신선 역할을 맡아 여러 영웅들과 성장하면서 다양한 모험을 겪으며 성장해 나간다. 강호의 협객으로 성장하면서 다양한 모험을 즐기는 이 게임을 하면서 유저는 새로운 이야기의 주인공이 되는 셈이다.

자신이 주인공이 되어서 어떤 특정한 이야기를 구성한다면, 과연 주인공인 나는 내가 구성해 나가는 혹은 구성한 그 이야기를 제대로 이해하고 말할 수 있을까. 이 질문을 하는 이유는 우리가 디지털 세상에서 다양한 게임을 즐기거나 유행하는 RPG 안에서 특정한 역할을 통해 모험을 즐기는 새로운 이야기의 주인공이 된다고 하더라도, 그것을 '이야기'로서 받아들이지 못하는 경우가 허다하기 때문이다.

위의 〈읽을거리1〉에서도 알 수 있다시피 이 게임은 '개인의 성장'과 '영웅신화'를 접목하여 게임을 하는 유저가 새롭게 개인적 정체성을 획득하고 영웅적 인간성을 구현하는 방향으로 우리를 이끈다. 게임을 설명하는 부분에서 확인할 수 있듯이 이 게임은 인간 세상에 떨어진 신선이 어린 시절부터 성장하면서 겪는 이야기를 기본 바탕으로 한다. 또한 성장하는 과정에서 만나는 여러 영웅들과 경험들을 통해 신선은 드디어 자신을 구원하는 완성의 경지에 이른다. 우리가 소설이나 영화 등에서 접할 수 있는 영웅 신화와 개인의 성장기를 접목하여 게임의 스토리 라인을 구축한 것을 여기에서 확인할 수 있다. 이 게임은 단순한 '전쟁'이나 '경쟁' 구도에서 벗어나 있다는 점에서 좀더 풍부한 스토리 라인을 표방한다. 또한 이를 통해 주인공이 된 내가 다양한 경험을 하면서 새로운 이야기를 만들어갈 수 있도록 가능성을 열어 놓았다. 우리는 소설이나 영화를 통해서 간접 경험을 하게 되지만, 게임은 내가 직접 주인공이 될 수 있다는 점에서 매력적이다. 이 게임의 경우도 직접 내가 주인공이 되어 성장하고 영웅이 되어 가는 과정을 겪을 수 있다는 점에서 풍부한 이야기와 주제를 선사한다.

이러한 점들을 전체적으로 인식하려면 무엇보다 게임의 '이야기'가 무엇인지를 파악할 필요가 있다. 게임도 하나의 스토리를 갖는 텍스트이다. 따라서 텍스트에서 말하고자 하는 주제와 이야기를 이해하고 그것을 표현하는 능력이 무엇보다 요구된다. 만약, 게임을 단순히 시간을 보내기 위한 수단이나 재미와 흥미를 추구하기 위한 방법으로만 여긴다면 우리는 생각 없이 그것을 수동적으로 받아들일 것이다. 이것은 곧 사고 능력과 표현 능력의 저하를 가져온다.

따라서 우리는 디지털 세상에서 만나는 게임을 비롯한 다양한 매체가 우리에게 보여 주고자 하는 이야기와 주제를 효과적으로 파악할 수 있도록 노력할 필요가 있다.

게임의 사례에서도 알 수 있다시피 무엇보다 우리가 접하는 디지털 세상의 수많은 매체와 글들은 우리의 사고 능력과 표현 능력을 저하시킬 수도 있고 향상시킬 수도 있는 양면성을 갖고 있다. 만약 우리가 디지털 세상의 모든 매체와 글들을 수동적으로 받아들이거나 즉흥적으로 받아들인다면 우리의 사고와 표현 능력은 현저하게 저하될 것이다. 이것을 방지하기 위해서는 디지털 세상에서 만나는 다양한 매체와 글을 이해하고 표현하는 능력이 필요하다.

다음에 제시된 읽을거리를 통해서 자신의 생각을 표현하는 문장과 글에 대해 알아보자.

커피 향기 가득한 카카오톡, 아이러브커피 리뷰

게임명 : 아이러브커피 / 제작사 : 파티 스튜디오 / 장르 : SNG / 가격 : 무료 / 추천이유 : 커피

우리 생활 속에서 '카페'란 떼려 해야 뗄 수 없는 문화 공간 중 하나로 자리 잡았습니다. 약속 장소 및 작업 공간으로, 혹은 사색의 장소로 거듭났죠. 콜라나 사이다와 같이 커피 또한 국민 음료로 자리 잡은 지금, 한 손에 커피를 들고 길을 걸어가는 여성들이 이제 '된장녀'가 아니라 '커피 한 잔의 여유를 아는 품격 있는 여자'로 인정받는 분위기입니다. 이렇게 카페는 대중적이면서도, 한적하게 나만의 시간을 즐길 수 있는 여유의 대명사가 되어가고 있습니다. 주변에서도 일이 잘 안 풀리거나 빠듯한 삶에서 벗어나고 싶을 때, '카페나 차려볼까...' 하는 희망을 흔히 이야기하고요.

이토록 카페가 우리 생활 깊숙이 들어온 이상, 게임 속에서 보더라도 전혀 어색하지 않습니다. 이번에 소개할 게임 역시 카페가 테마인 소셜게임입니다. 이 정도만 말해도 무슨 게임을 설명하고자 하는지 눈치 채셨을 겁니다. 국내 앱스토어에 커피 향 가득한 바람을 불러일으킨 소셜게임, '아이러브커피'입니다. 터치 몇 번만으로도 손님이 아닌 어엿한 카페 주인으로 거듭날 수 있는 '아이러브커피'. 그 진한 커피 향 가득한 세계를 만들어 가봅시다.

주문하신 커피 나왔습니다!

실제 카페의 운영 방법은 명확합니다. 커피를 만들어 팔고, 손님을 끌어 돈을 번 후 그 돈으로 카페를 단장하여 다시 더 많은 손님을 모아 가는 과정의 반복이죠. 더 좋은 맛의 커피를 위해 커피 제조법도 착실히 배워야 함은 물론입니다. '아이러브커피'의 게임 속 카페에서도 이 모든 것을 다 할

수 있습니다.

커피를 만들려면 무엇이 필요한가요? 원두입니다. 소셜게임이 으레 그렇듯 게임 내 모든 활동에는 에너지가 필요하고, '아이러브커피' 역시 에너지가 필요합니다. 이 에너지가 바로 '볶은 원두'입니다. 카페의 에너지를 표현하기에 참으로 적절한 아이템이죠. 에너지라는 시스템이 있는 건 같지만, 시간이 지날수록 에너지가 서서히 채워지는 다른 소셜게임과는 다르게 '아이러브커피'에서는 에너지를 자급자족해야 합니다. 그래도 기껏해야 터치 한 번만 더 하면 되고, 볶은 원두의 하루 한계치가 없으므로 에너지를 확보하는 만큼 장시간 플레이가 가능합니다.

원두를 볶았으면 커피를 제조합니다. 카페의 수많은 메뉴만큼 '아이러브커피'에서도 다양한 커피를 볼 수 있습니다. 커피를 마시며 곁들이는 다양한 디저트도 만들 수 있습니다. 자칫 지루한 반복작업 일색이라 생각할 수 있겠지만, '아이러브커피'에서는 다양한 퀘스트를 통해 보상을 두둑하게 챙겨줍니다. 그만큼 퀘스트를 하나하나 정복해 나가다 보면 이 반복작업도 오히려 즐겁게 다가옵니다.

모든 소셜게임의 궁극적인 목적은 돈을 많이 벌어 더 크고 화려한 나만의 공간을 키워나가는 것입니다. 그러려면 매출 역시 중요합니다. 매출에서 종업원의 친절한 미소와 카페의 인테리어는 매우 큰 비중을 차지하는 요소입니다. 고로 종업원의 체력을 잘 관리해주고, 인테리어를 착실히 해 많은 손님을 끌어모으는 게 중요합니다.

웹 버전이 그냥 커피라면 스마트폰 버전은 TOP!

사실 '아이러브커피'는 웹에서 스마트폰으로 터를 옮긴 게임입니다. 웹에서도 워낙 인기 있던 게임이라 스마트폰으로 넘어오면서 게임성이 많이 사라지지 않았을까 우려하는 사람들이 많았습니다. 걱정하지 마세요. 웹에서 즐기던 '아이러브커피'를 거의 그대로 스마트폰으로 즐길 수 있는 건 당연하고, 오히려 더 다양한 카페 생활을 즐길 수 있으니까요.

웹 버전과 마찬가지로, 스마트폰용 '아이러브커피'에서는 다양한 인테리어 요소 및 개성 넘치는 손님들 덕분에 지루할 틈이 없습니다. 벽, 타일, 가구 심지어 가게 외벽까지 마음대로 꾸밀 수 있어 나만의 카페를 가꿀 수 있으며, 길거리영업을 하면서 손님들의 옷차림이나 외모를 잘 파악해 대화하면서 단골손님을 확보할 수 있습니다.

스마트폰용 '아이러브커피'는 실제 카페의 느낌이 잔뜩 들어가 있습니다. 커피를 팔면서 은근슬쩍 디저트를 권유하는 직원들의 센스나, 시럽을 추가해달라거나 연하게 해달라는 손님들의 추가 주문 멘트, 의자에 앉아 통화하거나 노트북을 두드리며 커피를 마시는 손님들의 모션 등 진짜 카페 풍경이 스마트폰에서 펼쳐집니다. 거기다가 커피 제조법을 배우고 시험을 치는 시스템도 있어 마치 진짜 바리스타가 된 듯한 기분도 느낄 수 있습니다.

또 있습니다. 웹 버전 '아이러브커피'에서는 생면부지의 사람들에게 친구추가 요청을 대량으로 날리며 친구목록을 늘려갔다면, 스마트폰에서는 카카오톡 안의 진짜 친구들과 함께 게임을 즐길 수 있습니다. 진짜 친구인 만큼, 퀘스트나 카페 확장을 위해 친구들에게 도움을 청해도 흔쾌히 수락해 주어 미션을 성공할 수 있다는 것이 바로 스마트폰 버전이 가지는 장점입니다.

시럽 좀 더 타주시지... 커피가 너무 써요...

몇몇 부분은 아쉽기도 합니다. 카카오톡과 연동되어 좀 더 끈끈한 친분을 만들 수 있는 건 좋은 일이지만, 내가 하고자 하는 일에 사사건건 간섭받는 것은 그다지 기분 좋지는 않습니다. 가게를 확장하려면 친구들에게 '확장 동의서'라는 것을 받아야 하며, 퀘스트 좀 완료해 보려 하니 '친구들에게 공짜 음료 주기'등 친구에게 부탁해야 할 일이 너무 많습니다. 평소 지인이 없는 사람들은 이런 퀘스트 하나하나가 부담스럽습니다. 또한, 네트워크를 이용해 실시간으로 게임정보가 저장되다 보니 접속지연이나 장애가 발생하는 경우가 종종 있습니다. 기다리고 또 기다려서 만든 원두나 디저트를 거둘 때 접속이 갑자기 불안정해져 작업에 차질이 생기는 문제는 조금 아쉽습니다.

따끈한 커피 드시고 힘내세요!

학생이든 직장인이든 모두 제 일에 쫓겨 주말만을 기다리는 바쁜 일상 속에서 살고 있습니다. 거기다 주말은 어찌나 짧은지, 제대로 쉰 거 같지도 않은데 벌써 월요일이 찾아옵니다. 몸과 마음이 모두 지친 이 때, 한 잔의 커피만큼 위안이 되는 것도 없습니다. '아이러브커피'는 진짜 커피만큼 지친 마음을 달래주는 진한 에스프레소 같은 게임입니다. 바쁜 일상에서 탈피해 '아이러브커피'에서 바리스타 겸 카페경영자로 유유자적한 삶을 즐기며 지친 마음을 '힐링' 해보는 건 어떨까요? 한 손에는 커피 한 잔, 다른 한 손에는 스마트폰의 '아이러브커피'를 들고 잠깐의 여유를 가져보시길 바랍니다.

– 이은별 기자, 인벤, 2012년 9월 25일자, "커피 향기 가득한 카카오톡, 아이러브커피 리뷰" –

위의 〈읽을거리2〉는 최근 인기를 끌었던 '아이러브커피'라는 게임을 리뷰(review)한 글이다. 리뷰란 대상의 중요한 내용이나 줄거리를 알려주는 글이다. 즉 이 글을 '아이러브커피'라는 게임에 대한 소개문이라 할 수 있으며, 글의 내용은 게임의 운영방식을 충실히 알려주는 것에 초점이 맞춰져 있다. 아울러 이 글은 게임의 사회문화적 의미를 함께 짚어주고 있다.

글의 첫머리에서는 최근 인기 있는 여러 게임들 가운데 '아이러브커피'를 선택해 소개하게 된 동기를 먼저 제시한다. 이는 게임에 대해 곧바로 소개하는 것에 앞서 그 게임이 유통되는 당대 사회의 분위기와 그 사회에서 해당 게임의 위치를 알게 해준다는 점에서 게임을 소개하는 글의 도입으로 적절하다고 할 수 있다.

다음으로 이 글은 '아이러브커피'를 플레이하는 방법을 소개한다. 이 게임은 웹에서뿐만 아니라 스마트폰에서도 할 수 있는 게임이다. 때문에 리뷰에서는 웹과 스마트폰에서 플레이 하는 방법을 각각 소개해주고 있다.

게임의 운영방식을 알려주는 것에서만 그치는 것이 아니라 게임을 했을 때 플레이어가 받을 수 있는 즐거운 점과 아쉬운 점, 게임의 미흡한 점들에 대해서도 아울러 이야기함으로써 게임에 대한 소개가 단순한 소개에서 그치거나 칭찬에만 머물게 하지 않고 읽는 이로 하여금 게임을 균형적으로 바라보게 한다.

이렇듯 우리가 디지털 세상에서 늘 접하는 게임이나 웹툰, 영화, 동영상 등의 수많은 시각적 정보와 이야기 그리고 카카오톡이나 페이스북에서 이루어지는 다양한 대화와 사회·문화적 화제에 대해 자신만의 언어로 표현하고 의미를 찾아보려고 하는 노력이 필요하다. 그래야만 눈에 보이는 여러 글들을 단순히 넘겨 버림으로써 사고력과 표현력이 저하되는 문제를 피할 수 있다. 좀더 주체적이고 창의적으로 다양한 정보와 이야기들을 수용하여 사람들과 원활하게 소통하는 생산적 디지털 생태계 구축을 위해 우리는 좀더 우리의 언어로 표현하는 능력을 향상시켜야 한다.

아래의 그림은 2014년 3월의 신문에 실린 만평이다. 만평이란 만화를 통해 당대 사회나 인물을 풍자하는 것을 말한다. 아래의 만평을 보고 이 만화가 담고 있는 주제에 대한 자신의 생각을 한 편의 글로 적어보자.

– 장봉군, 한겨레, 2014년 3월 6일자, "그림판" –

1. 이 만평이 전달하고자 하는 내용이 무엇인지 구체적으로 적어보자.

2. 만평의 주제에 대한 자신의 생각을 글로 소개해보자.

단편 만화·만평을 읽고 그것을 언어로 된 서사로 구성해 보자. 그리고 이것을 통해 서사의 의미가 무엇인지에 대해서도 서술해 보자.

서사란 무엇인가

서사란 사전적인 의미로 말하자면 어떤 사실을 있는 그대로 말하는 것을 일컫는다. 그런데 이렇게 하기 위해서는 '어떤 사실'과 관련되는 다양한 구성 요소에 관심을 가져야 한다. 그 구성 요소 중에서 가장 중심적인 것이라고 할 수 있는 게 바로 인물·사건·배경이다.

서사의 인물이란 특정한 사건이나 사실의 중심이 되는 인물을 말한다. 사건은 인물의 행위와 관련된 다양한 일들을 총칭한다. 배경은 사건이 일어나고 인물이 행동하는 시공간적 배경이라고 생각하면 된다.

우리의 일상에서는 수많은 사건이 일어나고 그 사건의 중심에는 인물이 존재한다. 또한 이러한 사건과 인물의 뒤에는 그 두 요소가 존재할 수 있는 터전인 배경이 놓여 있다.

따라서 '서사'는 우리가 살아가는 시공간적 배경 안에서 발생하는 특정한 사건과 사실에 대해 있는 그대로 말하되, 그 안에서 어떤 인물에 의해 어떤 사건이, 어떤 배경과 동기에 의해서 일어나고 있는지를 구체적으로 말하는 것이다.

물론, 이때 서사를 잘 하기 위해서는 의미 있다고 판단되는 특정한 사건과 인물을 중심에 놓고 이야기를 전개해 나가야 한다. 그다지 중요하지 않은 사건과 인물에 대해 이야기한다면 '서사하기'로서의 의미가 반감될 수 있기 때문이다.

서사에는 인과 관계에 의한 것과 시간적인 관계에 의한 것이 있다. 인과 관계에 의한 것은 '원인'과 '결과'에 의해 이야기가 전개되는 반면, 시간적인 관계에 의한 것은 시간의 전후에 따라 이야기가 전개된다.

우리가 어떤 대상 혹은 어떤 사건을 서사로 표현하기 위해서는 대상과 사건이 과연 인과관계에 따라 서술될 수 있는 것인지, 시간적 관계에 따라 서술될 수 있는 것인지 잘 판단해야 한다.

일반적으로 서사는 소설과 보고서, 기사 등의 다양한 글 종류에서 활용된다. 인물과 사건, 배경으로 구성된 다양한 글의 종류가 '서사'의 기법으로 이야기되는 것이다. 인터넷이나 SNS를 통해 널리 읽히는 웹툰과 같은 만화 또한 이러한 서사의 기법으로 창작되고 유통된다. 또한 우리가 블로그에 여행 일기를 쓰거나 일상에서 경험한 특별한 일을 써서 사람들과 공유하는 일 등도 모두 서사하기에 포함된다.

따라서 '서사'란 특정한 글의 종류에만 해당되는 어떤 특별한 표현의 기술이라기보다는 우리가 쉽게 일상에서 적용하고 활용하는 표현의 한 방법이라고 할 수 있다.

　특히, 디지털 세대로서 트위터나 블로그, 카카오스토리 등으로 다양한 이야기를 사람들과 공유하며 살아가는 우리는 어떤 점에서는 이야기꾼으로서 '서사하기'를 가장 많이, 가장 효율적으로 활용하는 사람들이기도 하다.

　따라서 이러한 서사하기의 방법으로 우리가 접했던 단편 만화나 만평을 서사의 방법으로 구성함으로써 우리가 일상적으로 접하는 영상이나 기타 이미지들을 언어로서 효과적으로 표현하는 방법을 읽혀 보자.

1. 읽은 단편 만화나 만평을 서사로 구성해 보자.

2. 이를 통해 확인되는 서사의 의미는 무엇인지 소개해보자.

가장 기억에 남는 광고(인터넷 광고, 지면 광고, TV광고 등등) 중에서 한 편을 선정하여, 그것에 얽힌 이야기를 새롭게 서사로 만들어보자.

1. 선정한 광고 제목

2. 선정한 이유

3. 선정한 기존 광고의 스토리

4. 새롭게 서사로 만든 광고의 스토리

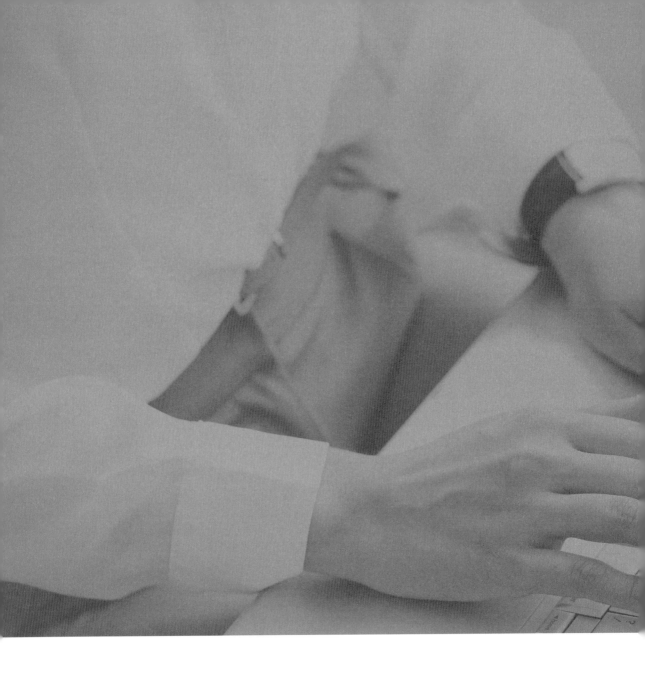

03

디지털 공간 속 세상과의 소통

3. 디지털 공간 속 세상과의 소통

　이 단원에서는 디지털 환경의 중요한 두 매체인 SNS와 블로그를 활용하여 글을 쓰고 사람들과 창의적으로 소통하는 구체적인 실제를 알아보자

　사회네트워크서비스보다는 약칭인 SNS[Social Networking Service]로 더 많이 알려진 SNS는 최근 들어 많은 이들이 사용하는 디지털 공간이다. 위키피디아(Wikipedia, 2012)에서 SNS를 "관심이나 활동을 공유하는 사람들 사이의 교호적 관계망이나 교호적 관계를 구축해 주고 보여 주는 온라인 서비스 또는 플랫폼"으로 정의하고 있듯이 SNS는 관심이나 활동을 공유하는 사람들끼리의 소통이 가능하도록 관계망을 구축해주는 서비스이다. 이를 통해 온라인 이용자들은 기존의 알고 있던 사람들뿐만 아니라 새로운 사람들과 친구 맺기를 하고 인맥을 넓히며 실시간으로 소통을 할 수 있게 되었다. SNS는 웹의 발전에 의해 생겨난 디지털 공간이라 할 수 있으며, 각각의 서비스마다 소통하는 방식의 특징을 지니고 있다. 우리에게는 페이스북이나 트위터와 같은 서비스가 친숙한 SNS라 할 수 있다.

　각각의 서비스의 차이는 있더라도, 기본적으로 SNS의 대표적인 기능은 이용자가 자신의 생각이나 정보를 손쉽게 게시할 수 있고, 이용자와 연결되어 있는 또 다른 이용자가 이를 읽고 그에 대한 의견을 바로 게시할 수 있다는 것이다. 게시한 글에 또 다른 댓글들을 끊임없이 올릴 수 있을 뿐더러, 게시자의 공간뿐 아니라 댓글을 단 이용자의 공간으로도 게시글의 이동을 자유롭게 할 수 있다는 점에서 SNS는 시공간적 물리적 제약을 넘어서 다양한 네트워크를 통한 소통의 자유로움이 이루어질 수 있게 해준다.

　이 장에서는 이러한 특징을 지닌 SNS를 활용한 다양한 글쓰기에 대해 알아보자.

1) SNS를 활용한 자유로운 표현과 비판

SNS 글쓰기의 특징과 의미 그리고 이것을 활용하여 사람들과 자유롭게 소통하는 구체적인 실례를 살펴보자.

현재의 디지털 시대의 특성을 가장 뚜렷하게 보여 주는 것이 바로 SNS이다. 그리고 디지털 세대는 SNS를 자유롭게 활용함으로써 여러 사람들과 원활하게 소통한다.

과연 디지털 세대가 SNS로 소통할 때 사용하는 언어는 어떠한 형태로 구조화되어 있을까. SNS를 통한 디지털 세대의 소통 언어의 특징과 의미를 알아보자.

알바 · 직장 구하기 SNS에 다 있다

대학생 A씨는 여름방학이 시작되자마자 집 근처에서 아르바이트를 구해 친구들의 부러움을 샀다. A씨가 원하는 아르바이트 정보를 얻은 곳은 생활정보지나 인터넷의 구직사이트가 아닌 위치기반 소셜네트워크서비스(SNS)였다.

21일 관련 업계에 따르면 SNS를 활용한 구인 · 구직 활동이 활발하게 진행되고 있다. 취업 전문 SNS인 '링크나우'를 비롯해 트위터, 아임IN 등을 통해 취업 정보를 얻거나 구직을 하는 사람들이 늘고 있다는 얘기다. 구직자들은 SNS를 통해 채용 담당자와 실시간으로 연락하며 상세한 취업 정보를 얻을 수 있고, 기업의 입장에서도 저렴한 비용으로 원하는 인재를 손쉽게 찾을 수 있다는 점이 긍정적인 평가를 받고 있다. (중략)

기업 트위터 또는 취업전문 포털의 트위터도 언제 어디서나 스마트폰으로 채용정보를 확인할 수 있는 수단으로 자리매김 했다. 트위터를 이용하면 실시간으로 기업의 채용정보를 확인할 수 있어 중요한 정보를 놓치지 않을 수 있기 때문이다. (중략)

– 김철현 기자, 아시아 경제, 2011년 7월 21일자, "알바 · 직장 구하기 SNS에 다 있다" –

위의 〈읽을거리1〉은 최근 사회에서 디지털 매체를 활용한 소통방식 가운데 SNS의 급부상을 보여주는 기사이다. 이 기사는 SNS가 중요한 소통방식의 하나가 되면서 이를 이용한 구인 및 구직 활동이 활발해진 현상을 소개하고 있다. 최근 직장 및 아르바이트 구직과 이직 등에 SNS의 대표주자라 할 수 있는 카카오톡, 페이스북, 트위터 등의 활용은 급증하고 있다. SNS의 사용은 스마트폰이나 컴퓨터와 같은 디지털 기기들이 있다면 언제나 그리고 어디서든지 손쉽게 구직자와 구인 기업의 접속을 가능하게 만들어주기 때문이다. 더욱이 SNS를 통해 이루어지는 구인 및 구직과 관련한 소통 방식은 직접 글을 게시하거나 댓글 달기의 형태로 이어짐으로써 단순한 정보 제공을 넘어서 소통을 보다 활발하고 적극적으로 이루어지게 한다. 궁금한 점에 대해 댓글을 쓰는 방식을 통해 실시간 소통이 가능하게 되며, 자신의 체험 사례를 게시함으로써 얼굴을 알지 못하나 유사한 관심을 지닌 새로운 이와 경험을 나누게 된다. 이같이 SNS를 활용해 이루어지는 새로운 형태의 구인 및 구직 활동의 등장은 오늘날 사회에서 디지털 공간을 통한 소통방식의 필요성, 그리고 그 소통방식의 일환으로 글쓰기의 중요성을 단적으로 보여주는 것이다.

(1) 핵심어 중심의 축약된 문장의 글쓰기

SNS의 언어는 축약적이고 기호적이다. 언어는 매우 간단한 어절 단위로 축약되거나 단문 형식으로 짧아지고 있다. 또한 다양한 이모티콘 등이 언어를 대신하는 현상이 빈번해지면서 의사소통의 수단 자체가 기호적으로 변모한다. 이는 디지털 세대의 의사소통 내용과 형식의 큰 변화를 초래한다.

가령, 카카오톡의 의사소통 방식을 살펴보자. 스마트폰을 가지고 있는 사람이라면 누구나 사용하는 카카오톡은 '톡(talk)'이라는 단어의 뜻에서도 알 수 있다시피 '소통' 및 '대화'를 전면에 내세운 디지털 미디어 시대의 대표적인 의사소통 매체이다. 그런데 카카오톡의 대화 화면을 보면 언어와 기호가 뒤섞인 짧은 어절이나 단문으로 의사소통이 이루어진다.

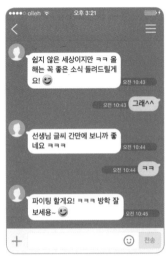  

  첫 번째 예문의 특징은 '기호(이모티콘)'와 '한글(언어)'로 이루어지는 단문 형식의 대화가 이루어지고 있다는 점이다. 기호는 대화자 간의 기분과 태도를 표현하는 기능을 함으로써 언어적 설명을 대신하는 은유적 표현과 다르다. 특히 'ㅋㅋ'와 같은 표현은 언어인 동시에 이모티콘이라는 점에서 일반적인 언어적 표현에 균열을 야기한다. 이런 표현은 '언어'이자 '기호'라는 점에서 문법에 맞는 대화적 문장을 해체한다. 두 번째와 세 번째 예문에서 제시되어 있는 문장도 이모티콘을 사용하지 않았을 뿐 단문인 점에서는 마찬가지이다.

  가장 핵심적인 대화만을 주고받게 되는 이 현상의 흐름은 무엇보다 '디지털 미디어'로서의 SNS의 매체적 특성에서 기인한다. 사실, 우리는 카카오톡을 통해서 편지를 주고받거나 심오한 대화를 나누지 않는 것이다. 신속하고 간단하며 편리한 의사소통을 위해 활용하는 이러한 매체들은 깊이 있는 사고와 자세한 설명 및 해석을 동반하지 않는다.

  이는 두 번째와 세 번째 카카오톡 화면에서 보이는 여러 가지 재미있고 참신한 이모티콘의 종류를 통해서도 확인할 수 있다. 계속적으로 업그레이드되는 다양한 형태의 이모티콘 등은 이모티콘만으로 이루어진 대화를 가능케 함으로써 '언어적 대화'와 '문장 대화' 및 기존의 소통 방식을 완전히 해체한다. 그래도 대화는 가능하기 때문이다.

  이것이 가능한 이유는 무엇일까. 그것은 바로 카카오톡과 같은 최첨단 SNS 의사소통은 바로 '핵심'만을 활용한 대화의 방식을 창출하고 있기 때문이다. 그래서 기존의 설명적 언어는 축약되고 삭제되기 일쑤이며 축약과 삭제의 자리에 다양한 이모티콘의 기호들이 자리잡을 수 있는 것이다.

따라서 SNS 글쓰기를 할 때에는 글쓰기의 원리를 바탕으로 하더라도 디지털 공간의 특성에 맞게 글쓰기를 전략적으로 할 필요가 있다.

> **SNS 글쓰기의 전략**
> 첫째, 공간의 성격에 따른 핵심어 중심의 축약된 글쓰기가 필요하다.
> 둘째, 축약된 글쓰기일지라도 기본 정보는 담고 있어야 한다.

우리가 흔히 쉽게 떠올릴 수 있는 SNS글쓰기로는 트위터, 카카오스토리, 페이스북 등의 글쓰기가 있다. 이 같은 디지털 공간의 글쓰기는 기존의 아날로그 방식의 글쓰기와는 달리 게시되는 글의 분량(용량)에 제한이 있다. 예컨대 트위터의 경우 140글자만을 한 번에 담을 수 있으며, 카카오스토리나 페이스북의 경우 트위터보다 긴 글을 작성하는 것은 가능하지만 글의 분량에 제한이 없는 것은 아니다. 또한 인쇄 매체와는 다르게 디지털 공간에 게시되는 글은 독자들이 디지털 기기를 이용해 읽는다는 점을 고려, 가독성을 염두에 두고 글의 분량을 적정하게 생각해야 한다.

따라서 SNS 글쓰기를 할 때에는 각각의 디지털 매체에 적합한 분량의 글쓰기를 해야 한다. 이를 위해서는 핵심 정보로 이루어진 축약된 글쓰기를 할 필요가 있다. 글의 전체 내용을 명료하고 압축적으로 보여주는 이러한 SNS 글쓰기는 특히 정보를 전달하거나 주변의 일상이나 우리 사회의 문제들에 대한 의견을 나누는 글을 쓸 때 더욱 요구된다.

인터넷 이어 트위터도 문학작품 발표의 장으로 각광
소셜 네트워크가 소설 네트워크로… 140자면 훌륭한 '문학의 그릇'

140자가 문학을 담아내는 새로운 그릇이 될 수 있을까. 최근 트위터, 미투데이와 같은 단문 기반의 소셜 네트워크 서비스(SNS) 사용자가 급증하면서 이를 통해 새로운 글쓰기를 시도하는 작가들이 늘어나고 있다. 인터넷을 통한 소설 연재가 일반화되면서 이제는 더 나아가 트위터를 통한 글쓰기 시도들도 이뤄지고 있는 것이다.

화가이자 작가로 활동하고 있는 김의규씨는 지난 8월부터 '트윗픽션'이라는 이름으로 자신의 트위터에 직접 그린 그림과 짧은 글을 함께 연재하고 있다. 반응이 좋아 연재 한 달 만에 팔로워 수가 1만 여 명으로 늘었다. '픽션'이란 이름을 달았지만 아포리즘에 가까운 짧은 단상을 담은 글귀가 그림과 어우러진다. (중략)

스마트폰 보급으로 트위터나 미투데이 사용이 일상화되면서 이용자들에게 읽을 만한 콘텐츠를 공급하려는 통신사 측의 노력도 이뤄지고 있다. SK텔레콤은 다음달 1일부터 미투데이와 함께 소설 가 백영옥씨의 단문 에세이를 연재할 계획이다. 150자짜리 짧은 에세이를 하루에 5~6개씩 올려 한 편의 글이 되도록 한다는 계획이다. 작가가 통신사와 함께 본격적으로 단문 기반 SNS에 연재를 시 작하는 것은 이번이 처음이다. 에세이 주제는 '스마트 라이프'다. (중략)

– 이영경 기자, 경향신문, 2010년 10월 24일자, "인터넷 이어 트위터도 문학작품 발표의 장으로 각광" –

위의 〈읽을거리2〉는 트위터를 통해 소설을 발표하고 연재하는 현상에 대해 다룬 기사 이다. 한 번의 글쓰기에 140자를 담을 수 있는 공간인 트위터를 활용해 많은 이들은 일상 의 순간순간 느낀 단상들을 게시하거나 함께 나누고 싶은 정보들을 올려 다른 이들과 나 눈다. 그런데 이 공간은 더 나아가 단문의 글쓰기를 통해 소설을 연재하고 이를 독자가 되 는 트위터 속 친구들과 나누는 공간이 되고 있다. 이러한 현상은 인터넷을 이용해 소설을 연재하던 것이 보다 보편화되면서 점차 디지털 매체를 이용한 글쓰기의 범주와 영역이 확 대되고 있는 것을 보여주는 예이다.

그런데 핵심을 축약적으로 전달하는 글쓰기는 자칫 사람들의 사고 능력과 표현 능력을 저하시키는 문제를 야기하기도 한다. 이러한 문제를 해결하려면 SNS의 소통방식을 인정 하고, 활용하되 자신의 사고를 분명하고 간략하게 핵심 문장으로 전달하는 올바른 표현 능력을 기르는 것이 무엇보다 필요하다.

따라서 이러한 SNS의 의사소통 방식을 통해 다음의 몇 가지를 생각해 볼 수 있다.

첫째, 핵심어 중심으로 이루어지는 SNS의 의사소통 방식에서는 가장 중요한 핵심어를 활용하여 상대방과 자유롭게 대화하고 자신의 의견을 표현하는 방법을 찾아야 한다.

둘째, 언어의 축약과 생략 및 기호의 범람 속에서 기본적인 의사소통을 위한 문장 표현 능력의 상실에 대해 성찰해야 한다.

셋째, 디지털 세대가 사용하는 축약된 글쓰기의 형태가 이들의 사고능력의 저하와 상실을 가져올 위험성에 대해 자각해야 한다.

첫 번째는 SNS의 특징과 관련하여 생각해 봐야 한다. 빠르게 소통하는 것을 전제로 하는 SNS에서는 무엇보다 핵심을 간단하게, 정확하게 전달하는 것이 필요하다. 자칫 의미 없는 대화가 길어지지 않도록 자신이 말하고자 하는 대화를 간단 명료하게 핵심어로 전달하는 능력을 키울 필요가 있는 것이다. 그래야만 빠르고 신속하게 정보가 오고가는 디지털 세상에서 자신의 사고를 효율적으로 표현해 나갈 수 있게 된다.

두 번째로는 카카오톡을 비롯한 SNS의 소통 방식 자체가 '언어'의 파괴 현상을 가져올 수 있다는 위험성과 관련된다. 지나치게 언어를 축약하거나 이모티콘과 같은 기호를 사용하게 되면 우리의 사고 능력이 매우 파편적으로 변화하게 되고, 언어를 제대로 구사하지 못하는 문제가 발생할 수 있다. 따라서 기본적인 의사소통 능력에 필요한 문장 표현을 유지하면서 사람들과 소통하도록 노력해야 한다.

세 번째는 앞의 두 번째 논의와도 관련된다. 언어는 인간의 사고를 표현하는 중요한 수단이다. 따라서 언어가 파괴될 때, 우리의 사고 능력이 현저하게 떨어지게 되는 것은 당연하다. 따라서 '축약된 글쓰기'가 언어의 파괴 현상으로까지 치닫지 않도록 기본적인 문장 능력을 유지하고, 핵심을 간단 명료하게 전달하기 위한 노력을 해야 한다. 이러한 기본적인 문장 능력과 핵심 전달 능력을 가질 때에야 비로소 SNS를 통해 이루어지는 소통이 '내용'과 '의미'를 확보할 수 있을 것이다.

요컨대, 위와 같은 세 가지 문제를 고려할 때 디지털 세대에게 요청되는 것은 언어와 기호의 뒤섞임과 혼란 속에서 사고능력의 향상을 위한 기본적인 언어적 의사소통 능력의 신장과 올바른 대화를 위한 기본적인 문장 구성 능력의 함양이다.

디지털 미디어 시대야말로 핵심어로 가득한 세상이다. 이 시대의 총아인 SNS야말로 핵심어로만 이루어진 의사소통 방식을 보여주는 대표적인 사례이다. 이러한 핵심어의 범람 속에서 기본적인 언어적 대화 형태와 언어적 의미를 함축한 기본적인 의사소통 능력을 가지는 것이야말로 자신만의 고유한 사고를 표현하는 중요한 길이 될 것이다.

1주일 동안 접했던 대중문화(드라마, 영화, 음악, 광고 등등) 가운데 인상 깊었던 작품 1편에 대한 자신의 생각을 트위터(140자)에 핵심어를 중심으로 표현해 보고 그에 대한 반응에 대해 이야기를 나누어 보자.

위의 첫 번째 사진은 트위터에 올린 작품에 대한 짧은 평가이다. 박물관에 전시된 작품을 보고 감상을 적은 두 문장의 짧은 글 속에서 가장 핵심이 되는 말은 '역동성'과 '강인함'이다. 작성자는 작품의 조각상에서 풍기는 근육의 역동성과 강인함을 혼자 느끼고 마는 것이 아니라 트위터에 올림으로써 그것을 직접 사람들과 공유한다. 이러한 방식으로 작성자가 본 작품은 모든 사람이 함께 감상하는 공유의 대상이 되고, 나아가 작품의 의미와 특징까지 공유하는 기회를 제공한다.

두 번째 사진은 작성자가 올린 사진과 글에 사람들이 반응하는 방식을 보여 준다. 하나의 작품 혹은 사진은 이렇게 널리 공유됨으로써 여러 사람들에게 감상을 불러 일으킨다. 이것은 작성자가 올린 사진과 그에 대한 짧고 간략한 설명 방식 및 감상평에서 기인한다.

만약 작성자가 사진만 트위터에 올렸다면 이 사진에 대한 사람들의 평가와 반응은 달라질 가능성이 높다. '평안'과 '쉼'이라는 핵심어를 사용하여 글이 게재되었을 때, '여유로움이 묻어나는 사진'이라는 작성자의 글과 자연스럽게 연결되는 반응이 나올 가능성이 높아지는 것이다.

따라서 트위터와 같은 SNS의 글쓰기가 간략한 핵심어와 명확한 전달을 통해 사람들과 소통할 수 있다는 점을 감안하여, 트위터에 핵심어를 중심으로 간단한 글쓰기를 해 보자.

1. 트위터에 게시할 대중문화 작품명

2. 작품 선정 이유

3. 트위터에 게시할 글의 내용

4. 트위터 게시글에 대한 반응

5. 트위터 게시글 반응에 대한 나의 생각

카카오톡의 대화 화면을 보고 기호만으로 이루어진 대화를 찾아 그것을 다시 언어적 대화 방식으로 바꾸어 서술해 보자. 그리고 언어적으로 바꾼 대화의 내용과 수준이 과연 기호만으로 이루어진 대화의 형태와 수준과 어떠한 특징과 차이점을 보이는지 평가해 보자.

예문

짧은 카카오톡 대화 장면이다. 이모티콘으로만 이루어진 이 대화에서 각각의 이모티콘이 의미하는 내용을 글로 완성해 보자. 이모티콘은 글의 형태가 아니므로 그것을 바라보는 개인의 관점에 따라서 다양한 의미를 내포한 글을 완성하게 될 것이다.

나 여기저기 많이 다니고
나 즐겁게 출발하고
나 잠도 편하게 잘 자고 좋은 꿈도 많이 꾸고
나 이런 여행이 되면 좋겠어.
친구 고마워, 잘 다녀올게

1. 기호→언어로 바꾼 대화 내용

2. 카카오톡 대화 방식의 특징과 차이점

1) 기호로 표현한 대화

2) 언어로 표현한 대화

트위터에 게시되었던 광고 가운데 인상적인 광고가 있다면, 그 광고의 내용과 이를 표현한 문장의 특징을 이야기해보자.

1. 광고명

2. 광고 선정 이유

3. 광고의 문구

4. 광고 문장의 특징

5. 트위터 광고와 일반 광고의 차이점

6. 트위터 광고에 대한 대표 댓글

7. 트위터 광고에 대한 댓글 문장의 특징

(2) 댓글 달기와 주체적 참여로서의 글쓰기

나의 주체적 사고를 전달하며 사람들과 소통하는 방법으로서의 댓글 쓰기에 대해 알아보자. 댓글 쓰기의 영향력과 의미에 대해 구체적으로 살펴보자.

디지털 글쓰기는 글 쓰는 주체뿐만 아니라 글을 읽는 상대 역시 중요하게 고려해야 한다. 디지털 매체를 통해 이루어지는 디지털 글쓰기는 시공간을 넘어서 쌍방향 소통이 가능하도록 하는 글쓰기이기 때문이다. 내가 쓴 글이 디지털 공간에 게시되기 전까지는 결말을 갖춘 완성된 글일 수 있다. 그러나 디지털 공간에 게시되는 순간 불특정 다수의 사람들이 이를 읽으며 그에 대한 또 다른 의견을 '댓글'로 제시함으로써 나의 글은 열린 텍스트가 된다.

우리는 SNS가 대세인 시대에 살고 있다. 트위터, 페이스북 등을 비롯한 다양한 SNS를 이용하여 사람들은 활발하게 소통하고 지식을 공유한다. 이는 SNS의 빠른 속도와 전파력에 기인한다. 우리는 페이스북이나 트위터 등을 통해 특정한 이슈를 실시간으로 접하고 짧은 시간 동안 여러 사람과 다양한 의견을 공유할 수 있다. 이러한 속도와 전파력은 댓글 달기와 깊은 관련을 맺는다. SNS에서는 누구나 손쉽게 댓글을 달 수 있어서 각자의 관심사와 사건에 대해 주체적으로 참여할 수 있는 기회가 증가한 것이다.

댓글을 단다는 것은 무엇을 의미할까. 그것은 우리가 사회의 다양한 화제를 알거나 이해하는 것에서 더 나아가 직접 그 화제에 대한 의견을 제시함으로써 사회 문제에 적극적으로 참여한다는 의미이다. 짧은 댓글에서도 누구나 손쉽게 자기 목소리를 낼 수 있게 되었다는 게 중요하다. SNS는 사회의 다양한 화제에 대한 주체적 참여로서의 글쓰기 공간으로서 점점 그 영향력이 증가하고 있는 셈이다.

이러한 '주체적 참여로서의 글쓰기'는 다음의 예문을 통해서도 알 수 있다.

– 「이상화 선수에게 보내는 5천만의 36초 응원」, 기아자동차 페이스북(2014) –

올림픽 응원 댓글을 달고 승리를 기원하는 이 이벤트는 사회적 화제에 대해 우리가 적극적으로 참여하는 긍정적인 사례이다. 여기에 가장 멋진 댓글을 다는 사람은 소치 올림픽에 직접 가서 이상화 선수를 만나는 기회까지 얻을 수 있다. 우리는 짧은 댓글을 달고 승리를 기원하면서 올림픽에 대한 관심과 그것에 대한 직접적 참여의 기회를 제공받게 되는 것이다.

이처럼 실시간으로 이루어지는 빠른 전파력에 기반한 SNS 댓글 쓰기는 기존의 장문 쓰기와는 달리 짧은 문장 안에서 가장 핵심적이고 역동적인 의미를 전달한다는 측면에서 효과적인 글쓰기의 형태이다.

페이스북이나 트위터 등에서 이루어지는 글쓰기는 단순히 기존 글쓰기의 형식 파괴나 전복이라기보다는 짧은 핵심 문장 쓰기와 주체적 참여로서의 글쓰기 형태로 새롭게 해석해야 한다. 그리고 이러한 주체적 참여로서의 글쓰기로서 댓글 달기는 빠른 속도와 전파력 안에서 그 파급력과 의미가 강화되기도 한다.

그러나 이러한 댓글 달기는 '짧은 글의 위력'이 가져올 여러 가지 파장에 대해 고민하는 계기 또한 마련한다. 다음의 예문은 이를 잘 반영하고 있다.

"트위터 글 하나 잘못 올려서"
… 뉴욕경찰 굴욕 사진 '깜짝'

뉴욕 경찰이 트위터에서 네티즌들에게 봉변을 당했다. 경찰 홍보를 위해 올린 '뉴욕 경찰관과 찍은 사진을 보내주세요'라는 메시지 때문인데, 수백명의 네티즌이 해시태그와 함께 뉴욕 경찰의 범죄자 진압 장면과 미국 내 인종 차별 등 부정적 사진을 올렸다. 해시태그는 '#' 뒤의 주제어로 다수의 사용자가 대화를 나누는 기능이다.

22일(현지시간) 뉴욕 경찰의 공식 트위터 계정에는 온갖 범죄자 체포 현장 사진이 올랐다. 해프닝의 발단은 뉴욕 경찰 공식 트위터에 오른 '경찰관과 함께 찍은 사진을 올려주세요'라는 글이다. 처음 몇 명의 시민은 호의적인 사진과 함께 '고맙다'는 인사를 남겼다.

그러나 곧 한 이용자가 "정말 이런 걸 하는 거야? 난 당신들의 황당한 행동을 알아요"라는 글과 지난 1월 논란이 됐던 80대 중국계 노인 과잉 진압 사진을 공개했다. 다른 네티즌은 이슬람계 뉴욕 거주자의 '저를 그만 감시하세요'라는 플래카드 사진을 공개했다.(중략)

– 오정훈 기자, 국민일보, 2014년 4월 23일자, "트위터 글 하나 잘못 올려서" –

위의 〈읽을거리1〉은 트위터에 올린 홍보 글이 예상치 않은 결과를 초래한 경우를 보여준다. 뉴욕 경찰을 홍보하기 위한 짧은 글에 많은 사람들이 뉴욕 경찰의 과잉 진압 현장과 관련 사례들을 올리면서 논란이 증폭됐다. 이는 짧은 글에 대한 사람들의 예상치 못한 댓글과 반응들을 통해 우리가 접하는 SNS에서 행하는 '글쓰기란 무엇인가'에 대해 성찰하는 계기를 마련한다.

SNS는 단순히 쉽게 글을 올리고 댓글을 다는 오락이나 게임의 장이 아니라 가상의 거대한 사회이다. 이 가상 사회에서 댓글을 쓰는 행위는 사회에 대해 자신의 목소리를 '발언하는' 것이다. 그렇다면 그 발언은 어떠해야 하는가. 단순한 홍보 글이 예상치 못한 반응을 야기했듯이 우리가 무심코 올린 짧은 댓글이 예상치 못한 부정적인 결과를 초래할 가능성이 높다.

따라서 우리가 페이스북이나 트위터 등을 통해 행하는 '주체적 참여로서의 댓글 달기'는 빠른 전파력과 속도에 기반한 만큼 신중하고 성찰적인 사고를 요한다는 점을 기억해야 한다.

[SNS 세상은 지금] 대학가에 부는 '대나무숲' 바람

(전략) 익명으로 글을 올리는 페이스북 '대나무숲' 페이지가 대학생들 사이에서 인기다. 자유로운 주제로 글을 올려 모르는 사람들의 반응을 자아내거나 공감을 받을 수 있기 때문이다. 또 은밀히 누군가에게만 전하고자 하는 메시지를 익명의 힘으로 용기 내서 올리는 경우도 있다.

대나무숲이라는 이름의 기원은 '삼국유사'에 나오는'임금님 귀는 당나귀 귀'라는 고사에서 유래한다. 신라 48대 경덕왕 시절, 왕의 귀가 당나귀처럼 크다는 사실을 처음 안 궁중 시종이 경주 근처 대나무숲에서 홀로 외쳤다는 한국인이라면 누구나 아는 고사다. 익명의 외침이었지만 이후에도 목소리가 남아 신라 사람이 그 사실을 다 알게 됐다는 데 착안해 대나무숲이란 이름이 붙었다.

국내 대부분 대학에서 학생들이 자발적으로 관리하는 대나무숲 페이지는 누구나 참여할 수 있다. 대학별로 정해진 특정 인터넷 사이트에 접속해 송고 시간을 제외하곤 모두 비공개로 관리자도 알 수 없게 돼 있다. 입시 준비생이든 대학 교수든, 전혀 관계없는 사람이든 모두에게 개방돼 있다. 내용이 일반적으로 허용될 수 있는 수준을 넘어선다면 관리자들이 게시하지 않는 필터링 시스템도 있다.

과거 인터넷 카페나 싸이월드 커뮤니티 등 폐쇄적인 공동체 내에서 익명게시판이 운용됐다면 이제는 좀 더 많은 이들이 보는 페이스북으로 대세가 바뀐 것이다. 트위터에서도 한때 다양한 직업과 직군이 속한 대나무숲 바람이 불었지만 이용자가 줄어들면서 시들해졌다. 반작용으로 페이스북 대나무숲이 인기를 끄는 모습이다.

올라오는 질문의 종류는 다종다양하다. 젊은이들이 하는 고민들이 그대로 녹아들어 있다. 연애 상담부터 인간 관계, 공부 · 취직 등 무수히 반복됐을 법하지만 당사자에게는 절박하고 남들에게 관심을 끌 질문들이 많다. (중략)

– 윤재언 기자, 매일경제, 2015년 1월 17일자, "[SNS 세상은 지금] 대학가에 부는 '대나무숲' 바람" –

위의 〈읽을거리2〉는 디지털 공간에서 이루어지는 개인적 글쓰기가 사적 글쓰기에 멈추지 않고 다른 이들과의 소통을 통해 사회적 글쓰기로 확장되어 가는 것을 확인할 수 있게 한다. 페이스북 '대나무 숲'은 오프라인에서 하지 못했던 이야기를 담아낸 SNS 공간이다. 이 공간은 오프라인에서는 결코 쉽게 내뱉지 못했던 이야기들을 가능하게 함으로써 단순히 개인이 지닌 감정을 토로하는 것에서 더 나아가 같은 위치에 있는 이들이 겪는 문제를 공공의 문제로 수면에 띄우게 하는 창구가 되어 주었다. 이 공간에 글을 쓰는 주체들은 자신들의 개인적인 힘듦, 고통, 불만, 어려움에 대해 토로한다. 그런데 이 공간 속 글쓰기는 이 공간을 활용하는 이들이 공동의 관심사를 가진 집합이라는 점 때문에 개인적 글쓰기인 동시에 사회적 글쓰기의 성격을 지니게 되는 것이다.

읽을거리3

기업들 소셜기부로 이웃 돕고 호감 쌓고
… 사랑을 리트윗 하세요, 후원금 쌓아드립니다

악성 댓글을 못 이겨 연예인이 스스로 목숨을 끊거나, 근거 없는 소문들이 트위터와 페이스북 등을 통해 확산되면서 소셜네트워크서비스(SNS)를 우려하는 목소리도 커졌다. 하지만 SNS는 어떻게 사용하느냐에 따라 선과 악이 극명하게 바뀌는 '양날의 칼'이다. 일면식도 없지만 어려움에 빠진 누군가를 위해 모금 캠페인을 벌이고 환경문제 등과 같은 사회 이슈를 해결하자며 누리꾼들이 의기투합할 때 이용한 소통 채널도 SNS였다.

기업들은 누리꾼들의 이런 움직임에 발맞춰 '소셜 기부'라는 새로운 문화를 만들어가고 있다. 딱한 사연을 가진 사람이나 아이디어 등을 회사가 자사 SNS에 소개하고 누리꾼들이 이에 호응하면 그 수준에 맞춰 기업이 후원금을 지원한다. 또 SNS는 1인 창업가와 같은 소규모 사업가들에게 자본금 조달의 창구가 되기도 한다. 자신의 사업 아이디어를 올리면 이에 공감하는 누리꾼들이 십시일반으로 돈을 모아주는 '소셜 펀드레이징'이 그것이다. (중략)

소셜 펀드레이징은 자신의 아이디어나 프로젝트를 SNS에 등록해 관심 있는 사람들의 후원을 받아 초기 자본금을 모으는 형태다. 아이디어 혹은 프로젝트 디렉터는 자신의 프로젝트 내용과 목표 금액, 기간을 소개하고 이에 공감하는 일반인들은 소액 후원을 한다. 돈을 벌기 위해 투자한다기보다는 공감하는 사람들이 십시일반으로 힘을 모아주는 것에 가깝다. 이 같은 소셜 펀드레이징은 벤처기업, 특히 1인 창업가를 양성하기 위한 대안이 될 수 있다. 해외에서는 미국과 유럽 등지에서 이미 소셜 펀드레이징이 활성화돼 있다. 대표적인 사이트인 미국의 '킥 스타터'는 하루에도 수만 건의 프로젝트를 진행한다.

– 송인광 기자, 동아일보, 2011년 8월 3일자, "기업들 소셜기부로 이웃 돕고 호감 쌓고 … 사랑을 리트윗 하세요, 후원금 쌓아드립니다. –

위의 〈읽을거리3〉은 디지털 공간 속 댓글 쓰기의 사회적 파급력을 단적으로 보여주는 기사이다. 최근에는 기부 문화에도 SNS를 통한 새로운 바람이 불고 있다. 직접 어려운 이를 찾아가거나 기부 단체를 이용해 기부하던 기존의 문화에서 SNS 참여를 통한 기부 문화가 새로 생겨났기 때문이다. 기업에서 후원하고 싶은 이를 SNS 공간에 소개하면 이를 본 팔로워들이 댓글을 달거나 이 게시글의 문제의식에 동의한 팔로어가 이를 또 다른 SNS 공간에 연계되게 한다. 이를 통해 기부금이 축적되고 다양한 후원 방식들이 제공된다. 이 같은 현상은 SNS 공간의 글쓰기가 글을 게시하는 것만이 아니라 그에 대한 댓글 쓰기를 통해 보다 사람과 사람의 소통을 적극적으로 이루어지게 하는 점과 댓글이 지니는 파급력을 단적으로 확인하게 한다.

따라서 디지털 글쓰기를 할 때에는 처음에 게시하는 글뿐만 아니라 댓글을 달 때에도 그에 따른 글쓰기의 전략이 필요하다.

> 첫째, 주어진 글의 주제와 정보를 정확히 파악할 필요가 있다.
> 둘째, 주어진 글에서 대상으로 삼은 범주와 방법과 같은 맥락에서 댓글을 달 필요가 있다.
> 셋째, 주어진 글의 범주나 글에서 다룬 방법론과 다른 부분을 제안할 필요가 있을 때에는 맥락을 고려하면서 그 필요성을 함께 언급해 주어야 한다.
> 넷째, 불특정 다수를 상대로 이루어지는 글쓰기일지라도 언어예절을 지키면서 글쓰기가 이루어져야 한다.

첫 번째는 댓글에 담을 내용을 정하기 위해 우선 정확한 게시글에 대한 독해가 필요함을 이야기하는 것이다. 댓글이란 다름 아닌 타인의 생각에 대해 나의 생각을 표현하는 방식이다. 때문에 댓글을 달기 위해서 가장 먼저 필요한 것은 타인의 생각을 정확하고 올바르게 파악하는 것이다. 이를 위해 주어진 게시글의 주제와 전달하고자 하는 내용을 왜곡하지 않고 바르게 이해해야 한다.

두 번째와 세 번째는 댓글쓰기가 올바른 의사소통의 수단이 되도록 하기 위해서 필요한 것이다. 게시된 글의 논점과 같은 맥락에서 댓글로 의사를 표현할 수 있어야지만 댓글을 달아 의견을 나누는 일이 해당 화제거리에 대한 심화된 생각을 나누는 데 생산적일 수 있다. 이와 함께 게시된 글의 핵심 주제와는 초점을 달리 할지라도 주어진 글의 내용을 보다 심층적으로 이해하는 데 도움을 줄 수 있는 이야기들을 댓글로 쓰고자 할 때에는 그러한 의도가 전달될 수 있도록 그 이야기를 댓글로 달게 된 배경이나 이유를 함께 언급해주는 것이 필요하다.

네 번째는 디지털 공간에서 이루어지는 글쓰기가 지녀야 할 보편적 윤리의식이 댓글쓰기에서도 필요함을 이야기하는 것이다. 디지털 공간에서 이루어지는 글쓰기는 상당수가 닉네임이나 익명으로 이루어진다. 그러나 실명이 드러나지 않으며, 얼굴과 얼굴을 한 공간에서 마주 대하고 있지 않더라도 글쓰기 윤리는 지켜져야 한다. 때문에 불특정 다수를 상대로 이루어지는 댓글쓰기일지라도 인식공격성 이야기를 하지 않아야 하며 언어예절을 지켜야 한다.

1주일 동안 접했던 대중문화(드라마, 영화, 음악, 광고 등등)에 대한 댓글 가운데 가장 긍정적인 댓글과 부정적인 댓글(악플)을 찾아보고 이에 대해 함께 이야기를 나누어 보자.

1. 게시된 대중문화 관련 내용

2. 긍정적 댓글의 대표적 사례

3. 긍정적 댓글의 선정 이유

4. 부정적 댓글의 대표적 사례

4. 부정적 댓글의 선정 이유

5. 긍정적 · 부정적 댓글을 보고 느낀 소감

트위터나 페이스북에 현 사회적 문제에 대한 댓글을 달아 보자. 그리고 여러 댓글들의 부정적인 측면과 긍정적인 측면에 대해 의견을 제시해 보자.

1. 참여하고자 하는 사회 문제

2. 참여하고 싶은 이유

3. 달고자 하는 댓글의 내용

4. 그와 같은 댓글을 달고자 하는 이유

5. 댓글의 긍정적인 측면

6. 댓글의 부정적인 측면

좋은 댓글을 쓰기 위한 방법과 필요성에 대해 글로 써 보자.

1. 좋은 댓글의 기준은 무엇인가.

---

2. 좋은 댓글이 왜 필요한가.

---

3. 좋은 댓글을 쓰는 방법은 무엇인가.

4. 그 방법의 선정 이유는 무엇인가.

5. 좋은 댓글을 쓰는 방법과 필요성 등에 대해 종합적으로 생각하여 글로 써 보자.

2) 블로그를 활용한 창의적 글쓰기와 표현

블로그의 개방성과 다양성에 기반한 창의적 글쓰기의 실제를 알아보고, 글의 제목과 주제 및 문장 구성과 표현에 맞게 블로그 글쓰기를 하여 세상과 소통해 보자.

디지털 매체를 활용한 글쓰기 가운데 SNS와 함께 급부상한 것이 다름 아닌 블로그이다. 블로그 공간은 SNS에 비해 글 쓰는 주체의 개성을 더 많이 드러내 보일 수 있다는 특징을 지닌다. 자료를 담을 수 있는 용량의 증대뿐 아니라 디지털 공간의 구획 및 배치, 그리고 이미지는 글 쓰는 주체의 개성을 살려 활용이 가능하기 때문이다. 때문에 한 번에 보여줄 수 있는 글의 내용 역시 블로그 글쓰기에서는 다양한 방식으로 제시될 수 있다.

(1) 대상의 핵심 파악과 명확한 설명

블로그(blog)는 일반적으로 사람들이 자유롭게 글을 올릴 수 있는 웹사이트를 일컫는 말이다. 블로그가 생기면서 기존의 글쓰기 방식에 큰 변화가 생겼다. 가장 큰 변화는 글쓰기의 '공간' 변화이다. 기존의 아날로그적인 글쓰기를 사적인 공간에서 이루어지는 사고의 표현 행위라고 규정한다면, 웹사이트의 글쓰기는 상대적으로 집단적이고 개방적인 공간에서 이루어지는 다양하고 다채로운 글쓰기라고 할 수 있겠다.

이 변화는 컴퓨터 웹사이트가 지닌 쌍방향성과 확장성 및 개방성에 기인한다. 웹사이트는 다양한 사람들이 댓글을 통해 상호 소통하는 공간이기 때문에 내가 올린 글에 대해 여러 사람들이 댓글로 반응하면서 생산된 글의 소통과 확장이 급속도로 이루어진다.

이러한 측면에서 창의적인 사고와 표현을 통한 블로그 글쓰기는 나의 가치와 가능성을 빠르게 널리 알리는 데 중요한 역할을 한다. 이른바 '파워 블로그'로 불리는 인기 블로그는 수천만 혹은 수백만의 팬을 확보하고 있다. 누구나 자유롭게 웹사이트에 글을 올릴 수 있지만, 파워 블로그가 되기 위해서는 다양한 사람들의 취향과 흥미를 사로잡을 수 있는 아이디어와 글쓰기 능력을 확보해야 한다. 참신한 아이디어와 글쓰기 능력은 블로그가 창의적 글쓰기와 표현에 매우 중요한 도구라는 점을 보여 준다.

그렇다면 이러한 블로그를 활용한 창의적 글쓰기와 표현은 어디서부터 어떻게 이루어져야 할까.

사람들은 일반적으로 원하는 정보와 관련된 검색어를 인터넷 검색창에 입력한다. 그러면 연관 검색어와 함께 다양한 웹사이트들이 제시된다. 여기서 말하는 '연관 검색어'는 다른 말로 하면 '제목'이다. 자신이 원하는 내용을 담은 블로그 글쓰기를 시도한다면 참신한 제목 만들기부터 시작해 보자. 모든 아이디어의 시작은 참신한 제목과 주제 만들기에서부터 시작된다.

이것은 다음의 예문에서 알 수 있듯이 블로그의 이름을 정하는 화면을 보아도 잘 알 수 있다.

– 네이버 블로그 게시판 제공 –

제목은 대상의 핵심을 정확하고 명료하게 파악할 때에야 의미를 지니게 된다. 그러므로 위의 예문에 제시된 네이버의 카페 '이름'을 정하는 데서부터 우리는 대상의 핵심을 정확하게 파악하고 그것을 간략하고 명확하게 설명하는 연습을 하게 되는 것이다.

이는 비단 카페의 이름을 정하는 데에만 국한되지 않는다. 블로그 안에는 기본적으로 다양한 게시판이 존재한다. 이 게시판의 제목을 적절하게 제시하기 위해서는 게시판에 들어갈 내용의 핵심을 명확하게 이해하고 그것을 가장 참신한 제목으로 구성해내는 능력이 요구된다.

요컨대 블로그에서 글을 쓰는 행위는 기본적으로 웹상에서 활동하는 다양한 익명의 수많은 사람들과 소통하는 것을 전제로 하고 있기 때문에, 무엇보다 나의 참신한 아이디어를 표현하고 확장시킬 수 있는 중요한 소통 방식이다. 블로그의 글쓰기가 창의적인 사고를 요구하는 것도 여기에서 기인한다. 블로그의 이름을 짓는 데서부터 우리는 이미 블로그의 창의적 글쓰기를 시도하고 있는 셈이다.

한편 블로그 글쓰기는 수많은 사람들이 수시로 드나드는 공간이므로 그만큼 유동적이고 정보의 흐름도 빠르다. 이 말은 우리가 쓴 글이 쉽고 빠르게 수많은 사람들에게 읽히고 이해될 수 있다는 의미이다. 따라서 블로그의 글쓰기는 무엇보다 주제와 핵심어를 반영하여 쉽고 간결하게 이루어지는 게 일반적이다.

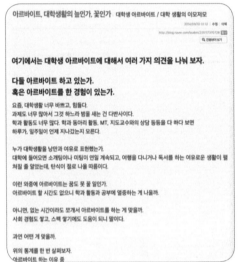

위의 〈읽을거리1〉은 블로그에 게시되어 있는 글의 한 사례이다. '아르바이트, 대학생활의 늪인가, 꽃인가'라는 제목으로 게시된 이 글에서 우리는 대학생활과 아르바이트와 관련된 글을 만나볼 수 있다. 특히, 글에 제시된 소제목들을 통해서 이 블로그에서 말하고자 하는 바가 무엇인지를 명확하게 파악할 수 있도록 작성자는 글을 잘 편집하여 구성했다.

블로그 글쓰기는 이렇듯 읽는 이와 상호 소통하는 것을 전제로 하기 때문에, 무엇보다 말하고자 하는 바에 대한 제목과 핵심어를 적절하게 배치하고 그것에 대해 간략하고 명확하게 내용을 전달하는 게 핵심이다.

글쓰기가 웹상으로 옮겨 가면서 다양하게 형태 변화를 시도하고 있다는 점을 감안할 때, 블로그 글쓰기는 바로 이러한 주제와 핵심어를 반영한 쉽고 간결한 글쓰기의 전형적인 형태를 보여 준다고 할 수 있겠다.

그런 만큼 많은 양의 글을 쓰지 않으면서도 대상의 핵심적 내용과 주제를 명확하게 반영한 깊이 있는 글쓰기의 능력이 필요한 장소가 바로 블로그이다. 실제로 사람들은 블로그 글쓰기를 자유롭고 쉬운 것이라고 착각하기 쉽다. 그러나 실제로 깊이 있으면서도 사람들과 효과적으로 소통하기 위해서는 대상과 관련된 주제와 핵심적 내용을 잘 반영된 효과적인 글쓰기의 능력이 필요하다.

다음의 예문을 보면 이러한 블로그 글쓰기의 방법이 필요한 이유를 좀더 명확하게 이해할 수 있다.

손쉽게 공유하고 작성하고…글쓰기 도구 개발 국내외서 활발
디지털 호모 스크립투스(Disital Homo Scriptus)를 위한 글쓰기 플랫폼의 진화

호모 스크립투스(Homo Scriptus)란 '기록하는 인간'을 뜻한다. 암벽에서 종이로 종이에서 온라인으로, 시대의 변화에 따라 기록의 도구가 변화했을 뿐, 인간의 기록에 대한 욕망은 고대에서부터 현재까지 이어져 오고 있다. 디지털 기기와 SNS의 발달에 따라 기록의 도구가 온라인으로 이동하며 관련 플랫폼도 다양화 되고 있는 추세다. 기존의 블로그보다 메뉴나 디자인을 간편화한 플랫폼, 텍스트는 물론 사진이나 영상을 쉽게 공유할 수 있는 플랫폼, 시간의 순서대로 기록을 모아 보는 플랫폼까지, '디지털 호모 스크립투스'를 위한 글쓰기 도구 개발이 국내외로 분주하다.

텀블러, 미디엄 등…해외의 다양한 글쓰기 플랫폼 출현

(중략)

온라인 글쓰기 플랫폼은 해외에서 활발하게 개발 및 사용되고 있다. 텀블러, 미디엄, 워드프레스 등이 그 대표적인 예. 이들 플랫폼의 공통점은 글을 쉽고 간편하게 쓸 수 있고, '공유'기능을 살려 사람들과 손쉽게 나누고 확산시킬 수 있다는 점이다.

텀블러(www.tumblr.com)는 흔히 SNS와 일반 블로그의 중간 형태 플랫폼으로 알려져 있다. 페이스북이나 트위터에 올리자니 글의 양이 많거나, 블로그에 올리자니 가볍다고 느껴지는 콘텐츠를 단시간에 공유하고 즐길 수 있는 것이 장점. 텍스트와 이미지, 동영상 등 콘텐츠 종류에 따라 쉽게 작성할 수 있다. 가입절차도 이메일과 비밀번호, 이름 3가지만 넣으면 가입이 완료되는 등 장벽을 낮췄다. 패션이나 예술 등의 키워드를 입력해 검색하면 해당 유저들을 팔로우 할 수 있어 접근성이 높고, 팔로워들의 컨텐츠를 모아 볼 수 있어 편리하다.

미디엄(medium.com)은 트위터 창업자 에반 윌리엄스가 만든 블로그 플랫폼이다. 화려한 블로그 스킨이나 사이드바, 플러그인, 위젯 등이 없이 깔끔한 디자인이 특징이며, 복잡한 기능을 최소화해 글쓰기에 최대한 집중할 수 있도록 만들었다. 또한 메뉴도 간략화해 폰트 변경이나 이미지 추가 등이 필요한 경우에만 자동으로 메뉴가 뜨게 구성했다. 이 밖에도 미디엄에는 '협업 기능'이라는 독특한 점이 있다. 독자가 글쓴이의 문단이나 특정 문장을 선택해서 의견을 쓰고 피드백이 가능, '출판(publish)' 버튼을 누르기 전에 협업으로 글을 완성할 수 있다. 또 트위터와 연동이 되기 때문에 공유도 손쉬운 편이다.(중략)

워드프레스(wordpress.org)는 홈페이지처럼 자체적인 도메인과 호스팅을 이용할 수 있다. 자유롭게 콘텐츠를 제작해 독특하고 개성 있는 나만의 기록을 남길 수 있으며 배포와 키워드 검색도 가능하다. 전세계 사용자와 개발자들이 올려둔 여러 테마와 플러그인을 설치해 손쉽게 적용할 수 있다. 이밖에 워드프레스 개발자가 새로 만든 고스트, 마키 등의 개발 시도도 계속되고 있다.

블로그가 대부분이었던 국내 플랫폼, 타임로그 서비스 등장으로 귀추 주목

한동안 우리나라는 해외와는 다르게 온라인 글쓰기 플랫폼에 '혁신'이 없다는 평가를 받아왔다. 주요 블로그의 사용자 수가 몇 년째 정체 상태이고, '네이버 포스트'와 '카카오 페이지' 외에는 이렇다 할 새로운 서비스도 나타나지 않았기 때문이다.

이러한 가운데 지난 4월 개방형 검색포털 줌닷컴(zum.com)은 '타임트리(timetree.zum.com)'라는 타임로그 서비스를 선보이며 국내 글쓰기 플랫폼의 성장 가능성에 불을 지폈다.(중략)

'타임트리(time:tree)'는 사용자가 하나의 주제를 정해 그에 맞는 사진, 글, 영상을 시간 순으로 기록할 수 있게 한 서비스다. 또한 하나의 주제에 대해 다른 사용자와 함께 글을 정리할 수 있어, 혼자 글을 쓸 때보다 더 풍부한 내용을 만들 수 있는 것이 특징이다. '제도', '역사', '사건', '열애설' 등 사용자가 특정 주제를 정하고 그에 대해 여럿이 함께 시간 순으로 작성한 정보는 큰 그림을 한 눈에 파악해 보는 색다른 경험을 준다.

– 임영규 기자, Dailygrid, 2014년 5월 8일자, "손쉽게 공유하고 작성하고…글쓰기 도구 개발 국내외서 활발 –

위의 〈읽을거리2〉에서 알 수 있다시피 전 세계적으로 온라인에서 좀 더 깊이 있고 상호 소통할 수 있는 글쓰기 플랫폼을 만드는 작업이 활발하게 이루어지고 있다. 그러나 우리나라의 경우 네이버를 비롯한 다양한 웹사이트의 글쓰기 플랫폼은 매우 지지부진한 상태이다. 블로그를 활용한 글쓰기가 창의적인 표현과 소통에 매우 중요한 것임에도 불구하고, 이것이 현실화되는 데 있어 관련 업체가 제대로 보조를 맞추어 주지 못하는 실정이다.

'기록하는 인간'이라는 뜻의 '호모 스크립투스(Homo Scriptus)'는 우리가 눈여겨 보아야 할 개념이다. 웹사이트 생태계는 빠른 속도로 발전·진화하고 있다. 그리고 스마트폰과 같은 디지털 매체 또한 무한한 가능성을 안고 빠르게 발전하고 확산되는 중이다. 이러한 디지털 생태계의 변화에 맞춰 글쓰기의 형태가 변해야 한다면, 블로그 글쓰기는 앞으로도 무한한 가능성을 가진 디지털 세대의 훌륭한 자기표현의 창이 되어 줄 것이다. 진정한 호모 스크립투스의 출현이 더욱 요청되는 시대인 것이다.

이러한 블로그 글쓰기를 보다 효과적으로 하기 위해서는 다음과 같은 것들을 전략적으로 활용할 필요가 있다.

> 첫째, 블로그라는 공간이 SNS에 비해 담을 수 있는 용량이 늘어난 곳이기는 하지만 공간을 효율적으로 활용해야 한다는 점을 인지해야 한다.
> 둘째, 스크롤 기능으로 인해 화면에 많은 양의 정보를 담을 수 있더라도, 한 번의 화면에서 제시할 수 있는 글쓰기의 양에 대해서 인지해야 한다.
> 셋째, 따라서 화면을 효율적으로 활용하기 위해 표현하고 싶은 주제를 가장 명확하고 잘 드러낼 수 있는 어휘들을 중심으로 글의 내용(화면)을 구성해야 한다.
> 넷째, 블로그 공간이 디지털 공간이라는 점을 인식하고 글쓰기와 함께 활용할 수 있는 시각 이미지와 청각 이미지들을 필요에 따라 적절하게 활용해야 한다.

첫 번째는 블로그에 게시할 글의 가독성 문제와 관련이 있다. 140자 분량의 글을 한 번에 게시할 수 있는 트위터나 그에 비해 상대적으로 긴 글을 담을 수 있던 카카오 스토리나 페이스북에 비해 블로그라는 디지털 공간은 비교적 많은 분량의 내용을 게시할 수 있는 곳이다. 그러나 디지털 공간에 게시된 글을 사람들이 한 번에 읽고 파악하는 데에는 적절한 정도의 분량이 요구된다. 때문에 블로그와 같은 공간에 글을 게시한다 할지라도 무작정 긴 분량의 글을 작성하는 것이 아니라 주어진 공간을 효율적으로 활용할 방법을 모색할 필요가 있다.

두 번째와 세 번째는 가독성을 고려해 한 편의 게시글을 작성하는 것과 관련이 된다. 스크롤바를 내리면서 읽을지라도 사람들이 지나치게 긴 글을 읽기란 어렵다. 더욱이 분량이 길면서 두서없는 내용을 담고 있거나, 전달하고자 하는 내용이 무엇인지 명확히 드러나지 않는 글들은 의미 전달이 선명하게 되지 않은 채 혼선을 가중시키기 쉽다. 따라서 게시글을 작성할 때에는 주제를 가장 잘 보여줄 수 있는 핵심어들을 중심으로 문장과 문단을 구성할 필요가 있다.

네 번째는 블로그 글쓰기가 디지털 매체를 이용한다는 것과 관련이 된다. 디지털 매체를 기반으로 한 글쓰기는 문자 정보와 함께 시청각 정보를 제공해 보다 글의 주제를 효율적으로 전달할 수 있다는 장점이 있다. 그런데 이러한 시청각 정보는 주제와 긴밀하게 연관된 자료일 때 게시글의 가독성과 의미전달을 높여주는 효과를 띤다. 때문에 시청각 정보를 문자 정보와 함께 배열해 블로그 글쓰기를 하고자 할 때에는 접할 수 있는 다양한 자료들 가운데 주제와 유기성을 띤 자료들을 우선적으로 선별해 배치하도록 한다.

다음의 예문은 이러한 블로그 글쓰기의 전략을 위해서 살펴봐야 할 블로그 쓰기의 사례이다. 블로그 글쓰기가 지향해야 할 몇 가지 필수 요소를 제대로 반영하지 못하여 사람들의 시선을 사로잡지 못한 경우를 아래의 예문에서 확인할 수 있다.

자기소개서는 이렇게 작성해야 자아 역량 개발 / 대학생과 취업   2015/03/29 12:49 | 수정 | 삭제
http://blog.naver.com/bsabm/220314331156
🔍 전용뷰어 보기

자기소개서란 글쓰는 이의 도미됨이를 남에게 상세히 알리는 글이다.
그러므로 기본적으로 개인의 자질과 재능 그리고 경험 등의 삶 전반을 한 편의 압축된 짧은 글로 상대방에게 보여 주기 위해 노력해야 하는 글인 것이다.
이것은 대학 입시를 앞둔 학생이든 회사에 입사가이 위해 준비하는 취업생이든 누구나 알고 있어야 할 자기 소개서의 기본 개념이라고 할 수 있겠다.
또한 자기 소개서란 기본적으로 자신이 하고자 하는 말고 그것을 뒷받침해 줄 근거를 제시하는 것을 기본으로 하기 때문에 이 점을 반드시 인지하고 있어야 한다. 만약 두서 o벗이 자기가 하고 싶은 말만 하고서 그것을 뒷받침할 만한 근거를 제시하지 않는다면 사건만 나열하고 말아 상대방에게 자신의 됨됨이와 능력 등을 충분히 설득력 있게 전달할 수 없다.
자기 자신에 대해서는 누구나 할 말이 많고 그것을 자기 소개서에 다 넣고 싶은 욕망 또한 강할 수 있다. 그러나 자신에 대해서 모든 것을 다 말하기에는 자기 소개서의 분량이 제한되어 있을 수 있고 제한되어 있지 않다 해도 일정량을 넘어 선다면 그것 또한 마이너스가 될 수 있다.
그러므로 자기 소개서를 작성할 때에도 우선 개요를 작성할 필요가 있다. 우선 나에 대해 설명할 수 있는 것들 중에서 자신을 설명해 주기에 가장 적합하다고 생각되는 것을 몇 가지 선별하고 그것을 뒷받침할 만한 근거가 충분한지 검토아혀 그것들을 중심으로 글을 조직하는 것이 필요하다. 자기 소개서에는 기본적으로 성장 과정과 환경 그리고 성격이나 가치관 및 장래성 등에 대한 사항을 넣는다.

성장 과정 및 환경
이 부분에서는 자신의 가족 환경이나 학교 생활 등을 중심으로 기술하면 충분하다. 이때 가족 환경이나 학교 생활 등에 대해서 이것저것 잡다하게 나열할 게 아니라 가장 적합하다고 생각하는 것을 선별하는 게 중요하다. 가령 학교 생활을 이야기하려고 한다면 초등, 중등 고등, 대학 시절 등을 포함하여 가장 인상깊게 전달할 수 있을 만한 에피소드를 선택하여 그것을 자세하게 기술해야 한다는 것이다. 이때 여기에서 제시한 내용들이 다음 항목 즉, 다음에 쓸 내용과 유기적으로 연결될 수 있는가를 살펴보는 게 중요하다.

성격 및 가치관
이 부분에서는 자신의 성격 및 가치관 등을 기술하는 게 필요한데 '성실하다'든가 '진취적이다'와 같은 누구나 일상적으로 사용할 수 있는 표현들은 피하는 것이 좋다. 자신만의 특별한 점을 기술하는 게 중요한 만큼 너무나 일반적인 내용으로 자기 소개서를 채우는 것은 바람직하지 o낳다. 굳이 '성실하다'와 같은 표현을 사용하고자 한다면 과연 그것을 어떻게 뒷받침할지 그것에 대해서 구체적으로 잘 생각해 봐야 한다. 그래서 글거를 특별하고 인상적으로 든다면 일반적인 자기 소개서 내용을 피할 수도 있다.

위의 〈읽을거리3〉은 한 블로거가 자신의 블로그에 '자기소개서 작성 요령'을 올린 것이다. 취업과 관련하여 대학생들에게 매우 중요하게 여겨지는 '자기소개서 작성 요령'을 게재하고 있어 이것을 읽는 사람들에게 매우 유용한 정보라고 할 수 있다. 그러나 작성 내용이 너무 장황하고 구체적이어서 언뜻 보기에 쉽게 글의 핵심이 눈에 들어오지 않는다. 수많은 사람들이 수시로 드나드는 웹상의 환경을 감안한다면, '자기 소개서 작성 요령'에 대한 좀더 효과적인 글쓰기 방법이 필요하다.

가령, 좀더 정확하게 대상을 설명하고 내용을 명확하게 전달하기 위해서는 시청각 자료를 활용하여 관련 내용의 핵심을 전달하는 방법을 생각해 볼 수 있다. 우리가 접하는 디지털 세상이 주로 시각 이미지로 구성되어 있는 것을 감안하면, 이러한 시각 자료의 활용은 블로그에서 대상을 명확하게 설명하고 내용을 정확하게 전달하는 게 효과적이다. 참신한 시각 자료를 넣어서 자신의 입장과 관점을 설명한다면, 디지털 환경의 블로그 공간을 통해 좀더 창의적인 글쓰기를 시도할 수 있을 것이다.

읽을거리4

초여름 초저녁의 장미 정원, 앙리 르 시다네

(전략) 초저녁에 어슬렁 어슬렁 정원으로 나가 신선한 바람에 은은히 실려오는 장미 향기를 맡으며 어스름 속에 빛나는 장미를 그릴 수 있었던 화가는 얼마나 행복했을까! 아파트 사는 자로서 앙리 르 시다네의 제르베루아 정원 그림을 보면 부러움부터 솟구친다.

르 시다네는 북부 프랑스의 고색창연한 마을 제르베루아에 정원을 만들고 거기에서 몸과 마음의 휴식을 얻었다. 모네의 지베르니 정원이 떠오르기도 한다. 그런데 클로드 모네의 지베르니 정원 그림과 르 시다네의 제르베루아 정원 그림은 느낌이 참 다르다. 인상주의자 모네의 정원 그림은 한결 감정이 절제돼 있고 객관적으로 대기와 물에 어른거리는 빛을 포착한다. 반면에 인상주의와 신인상주의 점묘법의 영향을 받았지만 근본적으로 상징주의 화가였던 르 시다네의 그림은 훨씬 많은 감정을 담고 있다. 모네가 일상의 풍경에서 미묘한 빛의 찰나를 잡아낸다면 르 시다네는 일상의 풍경에서 미묘한 감정의 찰나를 잡아낸다고 해야할까. 이 정원 그림들에는 삶의 기쁨과 서글픔과 고독과 충만함과 설레임과 우울이 온통 섬세하게 뒤섞여 있다. 적어도 나는 그렇게 느낀다.

제르베루아의 르 시다네 정원은 웹사이트 http://www.lesjardinshenrilesidaner.com/ 가 있다. 관광객의 방문이 가능하던데, 한 번 가보고 싶다.... 그 웹사이트에서 르 시다네의 그림 속에 등장하는 위의 〈읽을거리4〉는 한 개인이 운영하는 블로그에 올라와 있는 글 가운데 한 편이다. 이 블로그는 일상 속에서 명화의 변주를 찾는 것과 미술작품을 통해 문학과 사회과학을 연구하는 것을 좋아하는 개인이 자신의 관심사를 세상과 소통하고 함께 나누고자 개설, 운영하는 것이다.

블로그는 미술관 입구, 미술관 서재, 작가별 방 Artists, 미술관 밖 미술관, 미술관 옆 영화관, 미술관 찻집, 전시와 공연, My Writings, 내 사진과 이야기, 외신사진 구경 등 10개의 카테고리로 구성되어 있다. 미술에 대한 애정 어린 관심과 지식들이 담겨져 있는 이 블로그는 하루에도 수천 명의 네티즌들이 방문해 함께 읽고 나눔으로써 2008년부터 파워블로그로 선정될 정도로 활발한 소통을 이끌어내는 장이 되었다.

위의 예문은 '작가별 방 Artists'에 올라와 있는 글이다. 함께 나누고 싶은 앙리 르 시다네의 그림 몇 점을 제시한 후, 그에 대한 인상비평과 함께 시작한 이 글은 글의 중반에 이르러 화가에 대한 일화와 함께 이 작품을 다른 작품과 비교해 이 작품이 지닌 미술사적 의미와 의의까지 짚어주고 있다.

디지털 매체를 활용해 소통이 이루어지는 디지털 글쓰기는 앞서 말한 것처럼 소통이 신속하게 이루어지는 동시에 쌍방향으로 진행된다는 특징을 지닌다. 때문에 디지털 글쓰기는 사회의 여러 현상을 주체적인 시각으로 바라보고 쓰는 것에서 그치는 것이 아니라, 이런 필자의 생각을 시공간을 초월해 전 세계 여러 사람들과 함께 나눌 수 있게 만들어준다는 점에서 의미가 있다.

위의 예문에 실린 글에는 102개의 공감과 40개의 댓글(2015년 1월 13일 현재)이 달려 있다. 이들 댓글 가운데에는 감성적인 공감의 댓글부터 앙리 르 시다네의 전시회를 다녀와 본 경험을 바탕으로 이 글을 보고 반가움을 전한 것에 이르기까지 다양한 내용과 층위의 이야기들이 함께 나눠지고 있는데, 이것이 바로 아날로그 글쓰기와는 다른 디지털 글쓰기의 특징의 하나라 할 것이다.

자신만의 참신한 아이디어를 제시할 수 있는 블로그를 만들어 보자.

1. 블로그의 주제

2. 주제 선정의 이유

3. 블로그의 이름

4. 블로그 게시판 이름

5. 각 게시판에 들어갈 핵심 문장

6. 각 게시판 핵심 문장과 관련된 내용

7. 자신이 만든 블로그에 대한 사람들의 댓글 내용

8. 사람들의 댓글 내용에 대한 평가 및 소감

자신이 좋아하거나 잘 들어가는 블로그를 선택하여 게시판의 구성을 살펴보고 블로거가 전달하고자 하는 정보나 내용을 효과적으로 전달하는지 평가해 보자.

1. 선택한 블로그 이름

2. 블로그 선정 이유

3. 선택한 블로그의 주제

4. 선택한 블로그의 게시판 구성과 제목

5. 게시판 제목과 블로그 주제의 연관성

6. 게시판 제목과 게시 글(내용)의 연관성

7. 선택한 블로그의 장점

8. 선택한 블로그의 단점

'블로그 첨삭'을 통해서 블로그를 활용한 대상에 대한 명확한 설명과 전달의 방법을 서로 토의해 보자.

1. 블로그 내용의 효과적 설명방법에 대해 이야기를 나누어보자.

2. 블로그 게시판 제목과 주제의 선정 방법에 대해 이야기를 나누어보자.

(2) 세상에 대한 주체적 시선과 체계적 비판

디지털 글쓰기 가운데 대중적인 방식으로 최근 많은 이들이 활용하고 있는 블로그 글쓰기에 대해 좀더 구체적으로 알아보자. 블로그 글쓰기를 효율적으로 하기 위해서는 앞서 살펴본 것과 같이 글쓰기의 원리를 충분히 숙지한 상태에서 디지털 매체와 디지털 글쓰기에 대한 이해를 전략적으로 구사할 필요가 있다. 자신의 블로그를 개설하고 블로그를 운영할 디지털 공간을 나름의 관심과 흥미에 따라 구획하고 배치했다면 이제 각각의 방에 올릴 글들을 쓸 방법에 대해 생각해 보자.

블로그는 개인이 세상을 향해 자신의 주장을 펼치는 가장 효율적인 수단으로 떠오르고 있다. SNS가 발달하고, 온라인에서 사람들 간의 소통이 쉽고 빠르게 이루어짐에 따라 블로그를 통한 사회적 문제에 대한 비판과 관심은 그 파급력이 더욱 커지고 있는 것이다.

흔히 '블로그 쓰기'라는 표현을 사용하는 것을 생각해 보자. 블로그는 더 이상 단순히 온라인상에서 정보를 관심 있는 정보를 올리거나 얻는 것에만 국한되지 않는다. 이제 '쓰기'라는 적극적이고 주체적인 행위를 통해서 우리는 세상에 대한 비판적인 관심을 가지게 되었다.

세상에 대한 나만의 생각을 주체적으로 표현하고 그 문제에 대해 뜻을 함께 하는 사람들 혹은 그것을 반박하는 여러 사람들과 소통하면서 비판적인 사고력을 향상시킬 수 있다.

이러한 블로그 글쓰기는 다음의 몇 가지 절차를 거친다.

블로그 글쓰기의 과정

첫째, 관심 있는 화제를 통해 주제를 선정한다.
둘째, 쓰고 싶은 글에 대한 자료를 수집하고 분석한다.
　　　필요에 따라 읽기 자료뿐 아니라 시청각 자료들도 함께 수집한다.
셋째, 주제를 잘 드러낼 수 있는 작은 생각의 덩어리들을 고민해 본다.
넷째, 생각의 덩어리들을 토대로 개요(글의 흐름)를 작성해 본다.
다섯째, 개요를 바탕으로 핵심어를 중심으로 문장과 문단을 구성해 초고를 작성한다.
여섯째, 시청각 자료들과 글의 배치 방식을 고민해 본다.
일곱째, 자료와 글을 배치하고 글의 내용을 퇴고한다.

블로그 글쓰기를 할 때에는 디지털 매체를 기반으로 글쓰기를 한다는 점과 이 행위가 기본적으로 글쓰기 행위라는 점을 인식해야 한다. 따라서 블로그에 한 편의 게시글을 올릴 때에도 이러한 인식을 바탕으로 글쓰기를 수행해야 보다 효과적으로 자신의 의사를 다른 이들과 함께 나눌 수 있다.

첫 번째는 글쓰기의 기본 과정과 관련된 점이다. 블로그 글쓰기를 할 때에도 주제를 선정한 후 그에 맞는 글을 작성해야 한다. 블로그라는 공간은 블로그 제목과 각각의 해당 게시판의 제목에서 이미 작성할 수 있는 글의 범주가 정해져 있다. 따라서 실제 1편의 글을 게시할 때에는 블로그 제목과 해당 게시판의 제목에서 정해준 범주 안에서 문제의식을 예각화해 보다 심화된 주제를 선정해 그에 대한 이야기를 적는 것이 필요하다.

두 번째는 블로그 글쓰기의 기초 과정에서도 디지털 매체를 이용한 글쓰기라는 점을 염두에 둘 필요가 있다는 것과 관련된다. 아날로그 글쓰기를 할 때에도 1편의 글을 작성하기 위해서는 필요한 자료를 수집하고 분석하는 과정을 거치게 된다. 이는 블로그 글쓰기에서도 예외는 아니다. 해당 주제에 맞는 다양한 자료들을 선별해 수집하고 정리하는 것은 블로그 글쓰기에서도 요구된다. 그런데 이와 함께 블로그 글쓰기에서는 문자 정보로 이루어진 자료들만이 아니라 해당 주제를 잘 보여줄 수 있는 시청각 자료들의 수집과 분석도 함께 이루어질 필요가 있다.

세 번째와 네 번째는 문단 작성과 관련이 된다. 우선 주제에 맞는 이야기를 보여주기 위해 블로그에 게시할 때 주제에 대한 뒷받침 생각들을 몇 개의 문단으로 정리해야 할지에 대한 고민이 필요하다. 이는 글의 개요와도 연결된 부분으로, 주제에 대한 근거가 되는 문단들의 배치는 곧 글의 뼈대를 만드는 작업이 된다.

다섯 번째는 실제 글을 쓰는 과정과 관련이 된다. 문단의 구성을 통해 개요가 마련되면 이를 바탕으로 실제 글을 써보아야 한다. 디지털 매체를 이용한 글을 쓸 때에는 이 행위가 글쓰기 행위라는 사실을 인지하고 주제가 명료하게 전달될 수 있도록 핵심어를 중심으로 문장과 문단을 구성할 필요가 있다.

여섯 번째는 블로그 글쓰기가 디지털 매체를 기반으로 한 글쓰기라는 점과 관련이 된다. 다섯 번째의 과정에서처럼 블로그 글쓰기의 초고를 만들 때에, 블로그 글쓰기에서는 적절한 시청각 자료들을 실제로 글을 작성할 때 배치할 필요가 있다. 이때 선별한 시청각 자료들은 주제를 보다 효과적으로 보여줄 수 있는 자료들인데, 이들은 각각의 문단들과 유기적으로 연결될 수 있도록 배치할 필요가 있다. 또한 시청각 자료들을 제공만 하는 것에서 그치는 것이 아니라 이를 가지고 온 이유, 주제와 이 자료들의 연관성, 자료들을 통해 드러내고자 하는 점 등등을 문자 정보를 통해 밝혀주면 보다 시청각 자료들을 동원한 효과를 살릴 수 있다. 따라서 단적인 정보를 제공하는 것에서 더 나아가 이를 문장으로 녹여서 글 안에 배치할 필요가 있다.

마지막으로 블로그 글쓰기 역시 좋은 글을 완성하기 위해서는 다듬는 과정을 필요로 한다. 특히 블로그 글쓰기는 디지털 매체를 통해 이루어지는 것인 만큼 수정을 하는 과정이 아날로그 글쓰기에 비해 즉각적이고 직접적으로 반영된다는 특징을 지닌다. 또한 블로그 글쓰기는 수정의 과정에서 글을 작성한 사람의 생각만이 아니라 이를 읽은 사람들의 의사를 듣고 이를 반영할 수 있다는 점에서 다듬는 과정에서 쌍방향 소통이 이루어질 수 있다. 또한 이처럼 게시된 글이 고정된 형태가 아니라는 점은 블로그 글쓰기의 다듬는 과정이 1회가 아니라 수회에 걸쳐 일어날 수 있다는 점을 보여준다.

위와 같은 블로그 글쓰기 절차를 통해서 우리는 효과적으로 블로그를 통해 사회 문제를 체계적이며 구체적으로 비판할 수 있다. 또한 블로그의 빠른 확장성과 파급력을 통해 사회 문제에 좀 더 쉽고 빠르게 대처할 수 있는 하나의 장을 열 수 있게 된다.

다음의 사례를 통해서 이러한 비판적 사고를 증진시킬 수 있는 개인 블로그의 글쓰기 및 효과에 대해 살펴볼 수 있다.

[핫뜨거운 민우회]

반도의 흔한 출근길. 누군가의 이야기.

"마을버스. '싹 다 고쳤지~' '인생을 업그레이드하세요'
오늘도 낭랑한 저 목소리를 피할 수 없습니다.
정말 남들은 다 '업그레이드'에 '투자'하고 있는 걸까.

지하철을 타자마자 비포애프터 광고가 시선을 사로잡습니다.
노골적인 카피, 경악스러운 외모 변화, 비슷비슷한 얼굴에 눈살이 찌푸려집니다.
오히려 비포 쪽이 훨씬 더 개성 있고 예쁘지 않나. 싶다가도
애프터 쪽이 '일반적'으로 더 '예쁜 외모'라는 걸 체감하며 살기에
오늘따라 흐릿한 내 얼굴을 지하철 차창에 비춰보며
피로를, 그리고 누구에게랄지 모를 분노를 느낍니다."

이젠 꽤나 익숙해진 성형광고의 홍수.
무한경쟁 자기계발 시대에 성형산업이 비대해지는 것은 당연한 일처럼 여겨진다.

그러나 당연한 것은 없다.
성형산업과 성형광고의 범람 속에 분명히 이득을 보는 집단이 존재한다는 것
그리고 그 영향으로 건강을 해치고 생명을 잃는 사람들이 생겨난다는 것
게다가 그 광고가 외모와 삶에 대한 구린 메세지를 반복적으로 전달한다는 것
이런 사실들을 생각하면, 누군가의 힘과 의도에 의해 빚어진 이 상황에 참 화가 난다
.

그러니까 지금은
액션이 필요한 시간-

액션1

민우회는 여성의날 기념 민우액션으로,
3/1~3/7 일주일간 SNS를 통해 성형광고 사진과 한마디를 받아보았다.

CATEGORY

● ◆ 분류 전체보기 (58)
  ◆ 민우회를 소개합니다 (2)
  ◆ 핫뜨거운 민우회 (4)
  ◆ 대표적으로 (2)
  ◆ 일상다반사 (1)
  ◆ 밑줄을 긋자 (3)
  ◆ 민우칼럼 (3)
  ◆ 성폭력없는 세상만들기 (0)
● ◆ 여성건강 (3)
  ◆ 다르니까 아름답다 (5)
  ◆ 산부인과바꾸기 프로젝트
  ◆ 성형광고 OUT (5)
  ◆ 당신이생각하는낙태는없다 (5)
  ◆ 아픈 여자들의 일상 복귀 프로
    젝트 (11)
● ◆ 여성노동 (1)
  ◆ [공백의 발견] 일하는 여성의
    이야기를... (5)
  ◆ 점심시간 제대로 쉼표팍자! (2)
  ◆ 차림새와 함께 (1)
  ◆ 여성노동을말하다 (2)
  ◆ 식당여성노동자의 인권및 노동
    환경 만들기 (1)
  ◆ 백화점에는 '사람'이 있다 (5)
● ◆ 복지 (3)
  ◆ 성평등 (3)
  ◆ 보육, 현실이가 제도씨에게 묻다 (3)
  ◆ 주거 (5)
● ◆ 차별없는 나라를 (0)
  ◆ 주거·반지하 (0)
  ◆ 차별금지법 (0)
  ◆ 비밀엄서프로젝트 (0)
● ◆ 민우회의 한 사업 (0)
  ◆ 돌봄 나누기 돌봄 (0)
  ◆ 물길 (0)

RECENT ENTRIES

>월, 보육 관련 세미나를 진...
[스머프의영화관] 성폭력 피...
나는 페미니스트입니다
소책자 <내 일은, 내 일은!>
[스머프의영화관] 우리는 불...

RECENT COMMENTS

감사합니다~! 발송 후 연락드리
H£1£ - wooyoktek
현재 새록새록 재고가 많지 않아...
HH£ - wooyoktek
항상 좋은 글을 읽게해주고 위안...
3t4 - 미아
불안한 평생 안고가야하는 성질...
2014 - 한스터니
뒤늦게 이 포스트를 보고 반습니...
2014 - 플루디

RECENT TRACKBACKS

████ | 2014/03/20 14:12 | PERMALINK | EDIT/DEL | REPLY
네이버안티성형카페 카페스텝으로 활동하고있는 회원중한명입니다.
저희카페에서도 이번성형사고 실태를 조사하는가운데 많은하위사실들을 접하고,
너무 화가나더라구요,, 그런부분을 여성민우회에서 이렇게 해주시니 정말 뿌듯하고 멋있습니다..
다음 이런 액션이 있다면 저도 참가하고싶습니다!!

> ████ | ████님 | 2014/03/21 16:40 | PERMALINK | EDIT/DEL
> 앗 ████님 정말 반갑습니다! 성형수술 사고와 부작용 문제 진짜 심각하죠. 제도적으로 바뀌어야 하는 부분, 대중적으로 알려야 할 부분
> 도 많고요. 활동하시는 카페에서도 사례를 많이 접하셔서 너무나 체감하고 계실 것 같아요. 궁금해서 카페에 들어가봤는데 부작용 피해
> 가 있어야 가입이 되는 것 같더라고요^^;
> 다음 액션도 민우회 홈페이지/페이스북/트위터(민우회 검색하시면 다 나와요!^^)에 미리 공지될 테니 관심 가지고 지켜봐주세요! :D

> ████ | ████님 | 2014/03/21 16:54 | PERMALINK | EDIT/DEL
> 참참 그리고 이 활동과 관련해서 함께하고 싶으신 게 생각나시거나 뭐든 하고 싶은 말씀이 있으시거든 뭐든 편하게 민우회로 전화나 메
> 일 연락 주세요! (제가 전화랑 메일주소 여기다 쓰려 했더니 자꾸 댓글 차단되네요ㅠㅠ 민우회 홈페이지에 맨 아래에 나와 있어요~)
> 그리고 위에 글에 써있듯 지금 성형 대중광고 금지를 위한 온라인 서명운동을 진행하고 있어요. 카페에도 이 서명운동을 소개해주시면
> 큰 힘이 될 것 같습니다.^^

– 여성민우회 블로그(2014) –

실제로 사회단체의 블로그 활동을 통해서 비판적인 상호 소통 과정을 확인해 볼 수 있다. 사람들이 글을 올리면, 그것에 대해서 사람들이 여러 가지 의견을 제시함으로써 원활하게 사회 문제를 논의하고 그것을 통해 주체적으로 사회 문제에 참여하는 것이다.

뿐만 아니라 단순히 흥미와 재미를 주기 위해 혹은 시간을 보내기 위해서 글을 쓰는 것이 아니라는 것을 블로그의 글쓰기를 통해서 확인할 수 있다. 위의 예문에서 글을 게시하는 사람은 '성형 문제의 심각성'을 주제로 삼아 지하철을 타면서 성형 광고가 눈살을 찌푸리는 상황을 비교적 객관적으로 담담하게 논의하고 있다. 또한 이 글을 본 네티즌들은 댓글을 통해서 성형 광고와 성형 문제의 심각성에 대해 공감하고 문제의 해결을 위한 방안을 제시하고 있다.

이러한 블로그 글쓰기의 효과를 정리하면 다음과 같다.

> 첫째, 블로그를 통한 사회적 문제에의 참여는 무엇보다 신속하고 빠르게 사회적 이슈에 접근하고 그에 대한 문제 제기와 해결책 등을 제시하는 중요한 계기를 마련할 수 있다.
> 둘째, 블로그를 통한 글쓰기는 단순히 웹상의 한정된 공간에만 머물러 있는 것이 아니라, 오프라인상의 언론과 단체 등과의 상호관계 속에서 좀더 확장될 수 있다.
> 셋째, 블로그 글쓰기를 통한 사회에 대한 비판적인 논의는 디지털 세대인 우리가 사회와 의사소통하고 창의적으로 문제를 해결하는 중요한 매체가 되어 줄 수 있다.

첫 번째에서 알 수 있듯이 블로그는 단순히 '글을 쓴다'는 차원에서 더 나아가 사회 문제에 적극 참여하고 그것에 대한 여러 의견을 나눈다는 점에서 상당히 중요한 매체로서 기능할 수 있다.

두 번째로 여러 기관과 단체들이 블로그를 운영하는 것을 보면 알 수 있듯이, 온라인의 소통 공간은 오프라인과의 상호 연계성 속에서 더욱 중요성이 부각된다. 이제 오프라인과 온라인의 경계를 넘어서는 상호 협력과 소통의 지대가 블로그 운영을 통해 성취될 수 있는 것이다.

세 번째로는 디지털 세대로서 우리가 해야 할 역할과 관련된다. 더 이상 재미와 흥미를 위해 블로그와 같은 디지털 매체를 활용하는 데 머물러서는 안 된다. 사회에 대한 비판적인 의견을 제시하고 사람들과 공유하면서 사회 문제 해결에 적극 참여하는 주체적 개인으로서 디지털 세대가 새롭게 거듭나려면, 무엇보다 블로그와 같은 디지털 매체를 사회적 문제를 얘기하는 중요한 매체로서 인식해야 한다.

요컨대, 블로그 글쓰기는 디지털 시대에 우리가 사회 문제에 즉각적으로 반응하고 다양한 사람들과 소통하면서 사회 문제에 비판적으로 접근하는 중요한 매체로 기능할 수 있다.

'사랑의 블로그' 국경초월한 자선 한마음

《9일 오후 4시 서울 서초구 서초동 다음커뮤니케이션 사옥에서는 작지만 특별한 자선모임이 열릴 예정이다. 이날 바자회의 이름은 '남아공 에이즈 고아 돕기 자선모임'. 주최 단체도 후원 기업도 없다. 자선모임 참가를 확실히 약속한 사람만 벌써 100명이 넘었지만 참가자들은 아직 서로의 얼굴도, 진짜 이름도 모른다.》

그러나 벌써 많은 참가자가 손수 만든 친환경 수세미와 앞치마, 퀼트 가방, 직접 찍은 사진 등의 물품을 기증했다. 이날 수익금은 남아프리카공화국 케이프타운의 후천성면역결핍증(AIDS·에이즈)으로 부모를 잃은 고아들이 자급자족할 수 있는 텃밭을 만드는 데 쓰인다.

이날 자선모임은 10월 중순 남아공에 사는 한국인 블로거 심샛별(35) 씨가 인터넷에 올린 소박한 제안에서 비롯됐다. 두 달간 인터넷 공간에서는 무슨 일이 있었던 걸까.

남아공에서 시작된 작은 목소리

3년 전 남아공으로 이민 간 심 씨는 허름한 판잣집에서 하루 한 끼도 제대로 먹지 못하며 비참하게 생활하는 고아들을 보고 작은 힘이나마 이들을 위해 할 수 있는 일을 찾았다. 그는 남아공 어린이를 돕는 한 다국적 재단의 '희망의 저녁' 운동에서 힌트를 얻었다. 이 운동은 몇 명의 지인을 저녁 식사에 초대한 뒤 받은 음식 값으로 에이즈 고아를 돕는 것.

심 씨의 첫 제안은 평소 알고 지내던 네댓 명의 블로거와 이런 작은 모임을 여는 것이었다. 그러나 블로거의 힘은 생각보다 놀라웠다. 심 씨가 자선모임 제안을 블로그에 올리자 수백 개의 댓글과 수십 개의 트랙백(Trackback)이 달렸다. 트랙백이란 블로그의 글에 댓글을 달되 직접 글을 쓰지 않고 자신의 블로그에 글을 썼다는 사실을 알려 주는 것. 제안 전엔 심 씨를 알지도 못했던 블로거들이 트랙백을 통해 구체적인 기증 물품을 제안하고 자선모임의 진행을 도왔다. 이 덕분에 꼬리에 꼬리를 물고 사이버 공간에서 심 씨의 제안이 퍼져 갔다. (중략)

블로그는 참여의 매개체

브라질에 사는 한국 블로거는 앞치마를 만들어 보냈고 요리 노하우를 소개해 온 블로거는 수플레 치즈케이크를 들고 바자회를 찾기로 했다. 생활용품 제작 노하우를 소개해 온 블로거는 제안 이후 친환경 수세미를 무려 100개나 만들었다. 캠코더로 찍은 영상 뉴스를 블로그에 올려 온 블로거는 뉴스 영상이 담긴 자신의 캠코더를 내놓았다. 이 밖에도 바자회 때 상영할 에이즈 고아 실태 동영상에 자막을 넣어 주겠다는 블로거, 심 씨가 한국에 도착하기 전까지 기증 물품을 보관해 주겠다는 블로거 등 누가 시키지 않아도 블로거들 스스로 역할을 분담했다. 이어 바자회를 열 마땅한 장소를 찾지 못해 걱정하던 블로거들의 소식이 다음커뮤니케이션 블로그 담당자 고준성 씨에게 전해졌다. 고 씨는 회사를 설득해 회사 건물 3층을 자선모임 장소로 사용할 수 있게 허락을 받았다. (중략)

– 윤완준 기자, 동아일보, 2006년 12월 8일자, "'사랑의 블로그' 국경초월한 자선 한마음" –

심샛별씨, 작은 블로그 창으로 큰 사랑 실천하세요

인터넷포털 다음에서 '케이프타운에서(blog.daum.net/gniang)'라는 블로그를 운영하고 있는 심샛별 씨(35)는 '2006 다음 블로거 기자상'을 수상한 블로거다. 블로거에도 기자상이 있냐고 고개를 갸우뚱거릴 수 있지만 심씨는 남아프리카공화국 에이즈(AIDS) 고아들을 위한 자선 경매, 한국 정자(亭子) 살리기 운동 등 사회적 이슈를 제기하는 네티즌 기자로서 종횡무진 활약하고 있다.

심씨는 매일 아침 아이들을 학교에 보낸 뒤 취재수첩과 카메라를 들고 길거리로 나선다. 노숙자 출신 상어 파수꾼, 갱단 출신 무용단 수습 단원, 상류층 출신 자원봉사 승마교사 등 다양한 남아공 사람들과 만나며 기사거리를 찾는다. 방송 칼럼니스트 활동을 접고 블로거 길에 접어든 것도 블로그란 창을 통해 남아공 사회의 모습을 더욱 적극적으로 알리기 위해서다.

본격적으로 블로그를 운영하기 시작한 지 1년이 된 지난해 말 심씨는 남아공 AIDS 고아 돕기 자선 바자회를 개최했다. 3년간의 타지 생활을 통해 '책임 있는 나눔'을 실천하는 방법을 터득했기 때

문이다. (중략)

심씨에게 블로그 세상은 하나의 이웃이다. 작은 점이 모여 큰 그림을 완성하는 것처럼 청와대 블로그와 초등학생 블로그가 평등하게 자신의 관점을 표현할 수 있는 공간이다. (중략)

– 방정환 기자, 매일경제, 2007년 1월 17일자, "심샛별씨, 작은 블로그 창으로 큰 사랑 실천하세요" –

위의 읽을거리 두 개는 한 블로거가 세상에 작은 움직임을 만들어낸 것을 소개한 기사이다. 이 블로거는 남아프리카 공화국에 거주하면서, 자신의 블로그를 통해 전세계 다양한 공간에 있는 이들과 소통했다. 그녀는 남아프리카공화국 에이즈(AIDS) 고아들을 위한 자선 모임을 블로그 글쓰기를 통해 세상에 알리고 이를 읽은 네티즌들이 댓글 달기와 트랙백을 통해 동참하였다.

이처럼 디지털 공간을 활용한 글쓰기를 통해 사회에 대한 의견을 다른 이와 함께 나누며, 생각에서만 멈추는 것이 아니라 작은 움직임을 큰 행동으로 만들어 간 그녀는 그 후 블로그를 통해 남아공의 여러 문제들을 국내외 네티즌과 함께 나누면서 활동을 전개해나갔다. 남아프리카 공화국 그리고 대한민국, 또 다른 지구상의 어딘가에 거주하고 있는 네티즌들은 각자의 공간에서 블로그라는 공간과 그 안에 게시된 글들을 통해 24시간 소통을 하며 전지국적인 문제에 관심을 가지고 나름의 방식으로 주체적인 소통을 하였다.

이처럼 '블로그 쓰기'는 디지털 매체 환경에서 살아가는 내가 세상을 향해 비판적이고 주체적인 목소리를 내는 중요한 방식이다. '나'의 창의적이고 개성적인 관점을 드러내어 블로그에 글을 게시하거나 게시된 다른 사람들의 글에 댓글을 다는 행위, 이것은 '글쓰기'라는 전통적인 사고 행위를 사적이고 폐쇄된 공간이 아닌, 개방적이고 쌍방향적인 공간으로 이동시키는 중요한 계기이다. 따라서 디지털 세대로서의 우리는 디지털 매체 환경의 이러한 긍정적인 역할을 숙지하고 개방적인 디지털 공간 속으로 이동한 '글쓰기'를 세상을 향해 주체적이고 창의적으로 말을 거는 중요한 방법으로 인식할 필요가 있다. 이렇게 함으로써 디지털 공간은 단순히 여러 사람과 쉽게 만나고 재미있게 소통하는 '흥미'와 '오락'의 찰나적 공간이 아니라, 우리가 글쓰기라는 방법을 통해 창의적 사고를 표현하고 비판적으로 세상을 바라보는 중요하고 필요한 공간으로서 새롭게 거듭날 수 있을 것이다.

자신의 주위에서 발생하는 사소한 문제들 가운데 네티즌들과 함께 나눠보고 싶은 사회 문제나 관련된 이야기를 블로그에 작성해보고, 네티즌들과 함께 댓글로 의견을 나누어보자.

예문

생활 속 크고 작은 도서관

안녕하세요. 아름다운재단 신입간사 김현정 이라고 해요.ᄽ

아름다운재단에 들어온지 어느덧 3개월이 되어가네요.

저도 아름다운재단의 블로그에 글을 쓰고 싶었으나, 고민만 거듭하다 이제서야 용기내서 써보게 됩니다.

글재주가 심히 미약하니 글이 이상하더라도 아름다운~~ 마음으로 봐주세요.ᄽ

아름다운재단에 들어와서 경복궁역 인근으로 출근하면서 저에게 참 반가웠던 일이 있었습니다. 그건 바로 큰 도서관이 있다는 것.

서울시 22개 큰 도서관을 한 번에

– 종로도서관, 아름다운재단에서 도보 10분거리 –

이곳들은 큰 도서관이기 때문에 시설도 좋지만 책들이 참 많아요.

저희 집 앞에는 동네 도서관 하나 밖에 없는데, 시설이 작아 책 볼 공간이 많지 않을 뿐더러 책도 많지 않아요.

동네 도서관끼리 서로 연계되어 있어 우리 동네 말고 옆동네 도서관을 이용할 수도 있지만, 큰 도서관에 비하면 아직도 많이 부족하지요.

그래서 보고싶은 책을 빌려보기 보다는 주로 사봐야 했기에 책값도 만만치 않게 나갔습니다. 집 공간도 작아서 중간중간 책을 팔거나 버리기도 하는 안타까운 일들도 있었지요.

그런 저에게 이렇게 큰 도서관이, 그것도 대출이 가능한 큰 도서관이 있다는 것은 저에게는 굉장히 반가운 일이 아닐 수 없었어요.

그리고 또 하나의 희소식을 알게 되었습니다. 서울특별시교육청 평생학습관/도서관에 회원가입을 하면 서울도서관을 제외한 22개 평생학습관과 도서관을 자유롭게 이용할 수 있다는 것이었어요.

그래서 이용가능한 다른 도서관들이 어떤 곳들이 있는지 찾아보기 시작했습니다.

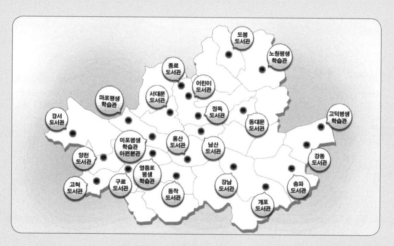

– 서울특별시교육청에서 운영하는 22개 평생학습관 및 도서관 –

그 도서관들에는 "종로도서관" 뿐만 아니라 "정독도서관" 도 포함되어 있었습니다.

청와대 뒤편으로 시작하여 조금 오래 걸어야 하지만 운동삼아 40~50분 걸어가면 나오는 정독도서관. 지하철이나 버스타면 얼마 걸리지 않아요. 그리고 저희 집하고 그렇게 멀지 않은 도서관들도 보이더라구요.

이 사실을 알게 된 저는 즉시 회원가입을 하였습니다.

사이트에 회원가입을 하고,
(서울특별시교육청 평생학습관/도서관 – http://lib.sen.go.kr/)
종로도서관에 방문하여 카드를 만들었지요. (사진이미지 중략)
이 카드는 종로도서관에서 만들었지만, 교육청 소속 다른 도서관들에도 사용할 수 있어요.

저는 이렇게 대출 가능하도록 만들고 책을 빌리기 시작했습니다.
종로도서관에 보고싶은 책이 없더라도 다른 도서관을 검색해서 보고싶은 책을 대출할 수 있어서
참 좋았어요.
그리고 다양한 잡지가 구비되어 있어서 잡지도 매번 사지 않고 도서관에서 볼 수 있어서 좋았어
요. 앞으로 자주 도서관 애용을 해보려고 합니다. ^^
책을 좋아하시는 분들이 있거나 주변에 이용할 수 있는 도서관에 대해 모르셨던 분들이 있었다면
제 이야기가 도움이 되어 보다 많은 책을 읽으실 수 있었으면 좋겠어요.

전국 방방곡곡 4천여 개 작은 도서관

안타까운 것은 서울은 그래도 이렇게 교육청에서 운영하는 도서관들, 각 구청에서 운영하는 도서
관들, 사립 도서관들, 동네 도서관들 등 도서관이 참 많은데 모든 지역들이 다 도서관이 많지는 않아
요. 그리고 도서관이 있다하더라도 책이 충분히 구비되어 있는 것도 아니구요.
그래서 형편이 넉넉치 않아 책을 읽고 싶어도 충분히 읽을 수 없는 사람들에게는 안타까운 일이
지요.
또 어릴 때부터 부모님이나 친구들과 함께 책을 보며 이야기하며 노는 도서관은 공부의 장소로만
기억되는 것은 아닌가 라는 생각도 들 때가 있습니다.

2012년 문화체육관광부에서 공개한 자료에 따르면 전국에서 운영중인 작은 도서관은 4천여 곳,
작은 도서관 1관당 이용자 수는 1만3천여 명이라고 합니다. 매년 증가 추세이구요. 하지만 여전히 장
서 보유나 인력을 운용함에 있어 전문 사서를 두는 곳은 적습니다. (중략)
아름다운재단 기부자님들 중에는 이 같은 공공도서관 현황이나 교육에 관한 철학을 가지신 분들
이 계셔서 〈혼자만잘살믄무슨재민겨기금〉, 〈송하원교수의책날개기금〉등 책을 통해 지식 나누고, 함

께 사는 세상을 만들어갈 수 있도록 기금을 만들어 주셨어요.

그래서 그 기부금들을 통하여 작은 도서관 지원을 비롯하여 국내거주 이주민들에게 모국어 책을 지원하고 있습니다. (중략)

책을 읽는다는 것은 자신의 미래를 만드는 것과 같은 뜻이라고 하지요. 그만큼 가치있고 소중한 것이 책이 아닐까 싶어요.

그래서 보다 많은 책을 보다 많은 사람들이 읽고, 나누고, 권했으면 좋겠어요.

이 글을 보신 분들, 오늘 좋은 책 한권 읽어보시는 건 어떠시나요? ^^

– 김현정, 아름다운 재단 블로그(http://bfvoice.tistory.com/742), 2014년 8월 5일 –

1. 나누고 싶은 사회 문제

2. 선정한 사회 문제가 어떤 점에서 참여가 필요하다고 생각하는가

3. 참여와 비판을 유도하기 위한 주제

4. 참여와 비판을 유도하기 위한 게시판 제목

5. 참여와 비판을 유도하기 위한 대표적 시청각 자료

6. 블로그 내용과 시청각 자료의 배치 방법

7. 블로그에 게시할 글의 초고

블로그 글쓰기를 할 때 문자 언어만이 아니라 시청각 자료의 동원이 글쓰기 행위에서 활발히 이루어지고 있다는 점을 염두에 두고, 평소 자주 가던 블로그에 게시된 글들의 시청각 자료의 활용에 대해 이야기해보자. 시청각 자료의 활용이 잘 이루어진 대표적 사례와 그렇지 못한 사례를 찾아 평가해보고, 시청각 자료를 블로그 글쓰기에서 성공적으로 보여주기 위해 필요한 점들에 대해서도 토의해보자.

1. 시청각 자료가 잘 활용된 블로그 글쓰기의 제목과 내용

2. 1번 블로그 게시글에 선별된 시청각 자료와 그 배치 방식

3. 시청각 자료가 잘 활용되었다고 생각하게 된 이유

---

4. 시청각 자료가 잘 활용되지 못한 블로그 글쓰기의 제목과 내용

5. 4번 블로그 게시글에 선별된 시청각 자료와 그 배치 방식

6. 시청각 자료가 잘 활용되지 못했다고 생각하게 된 이유

7. 블로그 글쓰기에서 시청각 자료를 잘 활용하기 위해 필요한 점

자신이 관심 있는 사회 문제 한 가지를 정한 후 그것에 대해 SNS와 블로그에 각각 글을 써 보자. SNS에 올리는 글과 블로그에 올리는 글의 차이점과 공통점에 대해 말해 보자. 그리고 각각의 글에 대한 사람들의 댓글 반응의 특징 및 차이점 등에 대해서도 토의해 보자.

1. 블로그 게시판 제목

2. 블로그에 쓸 핵심 내용

3. SNS에 쓸 글의 제목

4. SNS에 쓸 글의 핵심 내용

5. SNS에 올린 글의 대표적 댓글 사례

6. SNS에 올린 댓글의 특징

7. 블로그에 올린 글의 대표적 댓글 사례

8. 블로그에 올린 글의 댓글의 특징

9. SNS와 블로그에 올린 댓글의 차이점

10. SNS와 블로그에 사회 문제에 대한 글을 쓰며 느낀 소감